書中自有

ALL IN BOOKS

好妈妈 胜过好课堂

马利琴 著

河北人民出版社
石家庄

图书在版编目（CIP）数据

好妈妈胜过好课堂 / 马利琴著. -- 石家庄：河北人民出版社，2019.8
ISBN 978-7-202-14004-8

Ⅰ．①好… Ⅱ．①马… Ⅲ．①家庭教育 Ⅳ．①G78

中国版本图书馆CIP数据核字（2019）第116786号

书　　名	好妈妈胜过好课堂
著　　者	马利琴
责任编辑	王云弟　刘大伟
美术编辑	于艳红
出版发行	河北人民出版社（石家庄市友谊北大街330号）
印　　刷	天津丰富彩艺印刷有限公司
开　　本	880毫米×1230毫米　1/32
印　　张	8
字　　数	170 000
版　　次	2019年8月第1版　2019年8月第1次印刷
书　　号	ISBN 978-7-202-14004-8
定　　价	39.80元

版权所有　翻印必究

序言

好妈妈旺三代,好妈妈胜过好课堂

苏联教育家苏霍姆林斯基在《家庭教育学》一书中曾说过:"孩子道德发展的源泉及根本在于妈妈的智慧、情感和内心的激情,人在自己的道德发展中变得如何,取决于有什么样的妈妈。"在孩子成长的过程中,妈妈的重要性不言而喻。

无独有偶。一位著名的心理学家曾经做过一个实验研究,他随机选取了50个成功者和罪犯,以了解他们各自的家庭以及妈妈对他们的影响。其中,有一位来自白宫的著名人士说:"我要感谢我的妈妈,因为她让我懂得了一个简单的道理:要想得到最好的,就必须努力争取第一。"一位来自某监狱的罪犯说:"我恨我妈妈,因为她从小就对我的谎话无动于衷。在我成长的过程中,每次遇到想要的东西,我都会对我妈说谎,而她即使知道也不会阻止我,后来我学会了打架、偷窃……"

在孩子的成长过程中,妈妈担负着多重的身份和角色。妈妈不仅是孩子的监护人,还是孩子的第一任老师,更是一名人生导师和引路人。

孩子的未来会怎样？孩子将来会走上哪一条道路？孩子这些不可预测的人生部分都深深地受到妈妈的影响。"一个好妈妈可以旺三代"，妈妈的世界观、人生观、价值观以及言行习惯、为人处世方式等，都会对孩子的人格塑造产生重要影响，并在孩子的心中打下深深的烙印，影响着孩子的一生。因此，从孩子呱呱坠地开始，"妈妈"就不再是一个单纯的角色，不论个人学历和文化水平如何，作为一个妈妈，都要坚持学习，端正品行，规范言谈举止，不断提高自身修养，用自己的一言一行，为孩子树立榜样，带给孩子积极的影响。

你只要留心观察周围的人就会发现，如果一个妈妈是懒惰的、自私的、粗鲁的，那么她的孩子身上多半也会呈现出她身上的这种特质；而优秀的妈妈培养出的孩子也大多是举止优雅、人格高尚的。乔治·赫伯特曾说过："一位好母亲抵得上一百个教师。"

家庭教育是教育的重要一环，是教育的基础。父母是孩子的启蒙老师，一般来说，在家庭教育中，妈妈对孩子的影响最大。因此，一定要重视家庭教育，尤其是妈妈在家庭教育中的作用。只有将家庭教育、学校教育和社会教育紧密地结合在一起，才更有利于孩子的身心健康成长。

可以说，孩子是妈妈的"作品"，孩子也是妈妈的一面镜子。妈妈对孩子性格的形成起到决定性的影响，优秀的妈妈是孩子走向成功的导师。曾有一位教育家说："播下什么样的种子，就会收获什么样的果实，人的行为、习惯、品质会形成人的最终命运，而妈妈的引导对孩子的行为、习惯、品质的形成有着相当大的影响。"因此，妈妈们不管平时有多忙，都要挤出时间陪伴孩子，而且要做到优质陪伴。最好的教育智慧都在生活的细枝末节里，在妈妈和孩子相处的温润时光里。

作为一个家有女儿的妈妈和一个教育研究者，我接触过太多家庭教育的案例，关于妈妈对孩子的影响也有我自己的独特体验。为了给处于困惑中的妈妈们提供一些帮助，我将自己多年的工作经验和实践经验以文字的方式呈现出来，供大家借鉴，与大家共勉。为了说明主题，我还在书中提到自己和女儿之间发生的很多故事，并介绍了自己是如何一步步引导孩子成长的。或许，诸位妈妈也能从中看到自己的影子。

本书第一章至第五章，从好妈妈在孩子成长过程中发挥的作用出发，引入好妈妈教育孩子的原则、应当避免的误区和错误做法等，概述了如何才能成为一个好妈妈；第六章至第十二章，则针对孩子的性格、能力、品德、劳动意识、规矩和视野等方面的培养，介绍了众多方法。全书案例典型、分析简洁明确，妈妈们可以有针对性地学习和借鉴。

作为女性，我们既然能推动摇篮，就一定也能推动世界！相信我们都能做好妈妈，立刻行动起来吧！

目　录

第1章
好妈妈的影响力

- **1. 接纳：无条件接纳是妈妈给孩子最好的礼物　\002**

  坏情绪来了怎么办？　\003

  妈妈不了解我！　\005

- **2. 映射：孩子是妈妈的影子　\007**

  你说的每一句话孩子都记着呢！　\008

  言传不如身教　\010

- **3. 辅助：好妈妈是孩子永远的"灯塔"　\012**

  帮助孩子找到"真爱"，实现目标　\013

  要做到"让孩子像孩子那样长大"　\014

- **4. 监督：好妈妈是孩子行为的监督人　\016**

  让孩子爱上运动　\017

  品格养成很重要　\018

第 2 章
好妈妈教育五大原则

1. 尊重：孩子与你是平等的 \022

尊重，从信任开始 \024

让孩子做自己的主人 \025

2. 了解：接受孩子的反馈 \027

重视孩子的反馈 \028

针对孩子反馈的问题及时教育 \029

3. 倾听：让他们更加信任你 \031

耐心地倾听孩子诉说 \032

认同孩子的感受 \034

4. 激励：让孩子变得更优秀 \036

运用多种激励方法，促进孩子成长 \038

适时恰当的激励能让孩子脱胎换骨 \039

5. 放手：鼓励孩子与同龄人相处 \041

教给孩子基本的交往方法 \042

给孩子创造与同龄人交往的机会 \044

第 3 章
好妈妈要以身作则

- **1. 善控情绪：好妈妈懂得控制情绪** \048
  - 好妈妈，没脾气 \049
  - 建立一个充满活力的家庭 \050

- **2. 个性坚强：妈妈坚强才能培养出优秀的孩子** \052
  - 坚强妈妈养育优秀孩子 \053
  - 把意志力教育融入生活 \054

- **3. 不断成长：人格魅力高的妈妈孩子更聪明** \056
  - 树立终生学习的观念 \057
  - 不断提升自身修养 \058

- **4. 充满激情：做个热爱生活的好妈妈** \060
  - 热爱生活就不要放弃自我成长 \061
  - 实施"爱的教育"，向孩子传递幸福 \062

第 4 章
好妈妈教育避免四大误区

误区一：全力满足孩子物质需求　\066

爱孩子，要重视情感的表达　\068

爱孩子，不是一味地溺爱　\069

误区二：脱离实际，揠苗助长　\071

给孩子安排符合他年龄段的事情做　\072

打好基础，磨刀不误砍柴功　\074

误区三：无条件夸奖　\075

借助他人之口夸奖孩子　\076

多鼓励，少夸奖　\077

误区四：以爱之名　\079

多关注，了解孩子的真实想法　\080

加强沟通，做孩子的引路人　\082

第 5 章
好妈妈教育要杜绝四种错误

○ **1. 强迫命令：喜欢打骂孩子** \086

盛怒时不管教孩子 \087

冷静处理孩子的不良行为 \088

○ **2. 追求完美：对孩子要求过高** \090

放平心态，让孩子正常发展 \091

给孩子加压要适度 \092

○ **3. 只重成绩：把孩子教成书呆子** \094

摆正心态，正确看待孩子考试成绩 \095

别给孩子太大的学习压力 \096

○ **4. 金钱至上：认为金钱可以解决一切** \098

开个账户，让孩子合理利用金钱 \099

引导孩子正确认识金钱的作用 \100

第 6 章
好妈妈成就孩子健康生活

○ **1. 不拖延：养成良好的时间观念** \104

与孩子达成时间上的约定 \105

引导孩子体验"慢性子" \106

○ **2. 不舍弃：让孩子养成良好的卫生习惯** \108

让孩子当"家庭卫生检查员" \109

不讲卫生，有害健康 \110

○ **3. 不挑食：引导孩子正确就餐** \112

让孩子参与烹饪，让他们爱上不喜欢的蔬菜 \113

给孩子讲讲吃蔬菜的好处 \114

○ **4. 不依赖：鼓励孩子自己的事情自己做** \116

孩子能做的事，要尽量让他做 \117

孩子遇到的问题，鼓励他自己解决 \119

第 7 章
好妈妈助力孩子轻松学习

1. 好氛围：为孩子创建良好的学习环境　\124

妈妈爱看书是一种"无声"的教育　\125

消除不利于孩子学习的因素　\126

2. 玩中学：鼓励孩子在玩耍中学习和成长　\128

让孩子在游戏中培养学习能力　\129

鼓励孩子学会玩，在玩乐中学习　\130

3. 多配合：跟上老师的步伐，不掉队　\133

鼓励孩子与老师进行沟通　\134

和老师统一思想　\136

第 8 章
好妈妈注重培养孩子立足社会的能力

1. 表达力：引导孩子将想说的话说出来 \140

多姿多彩的语言游戏 \141

讲故事，提高孩子的语言表达能力 \142

2. 阅读力：让孩子跟书成为好朋友 \144

给孩子营造一个好的读书氛围 \145

帮助孩子寻找读书的乐趣 \146

3. 想象力：允许孩子异想天开 \148

利用游戏激发孩子的想象力 \149

保护孩子的好奇心 \150

4. 思考力：引导孩子自己动脑筋 \153

保护孩子的质疑之心 \154

给孩子的思考创造情境 \156

第 9 章
好妈妈要给孩子高尚的品格

1. 自信：不要过分轻视自己　\158
　　让他们相信自己是最好的　\159
　　妈妈的鼓励是孩子自信的源泉　\160

2. 乐观：不要陷入悲观的泥泞　\163
　　用乐观的心态面对生活　\164
　　教孩子用积极乐观的态度面对不如意　\166

3. 友好：不要嫉妒他人　\168
　　告诉孩子要保持平常心　\169
　　引导孩子树立正确的竞争意识　\170

4. 慷慨：不做自私的人　\173
　　教育孩子把东西分给别人一半　\174
　　利用故事告诉孩子自私的后果　\175

5. 诚信：不要让孩子成为"小骗子"　\177
　　教孩子诚实守信　\178
　　给孩子树立诚信的榜样　\180

第10章
好妈妈不包揽孩子所有事务

- **1. 解放双手：引导孩子提高动手能力** \184

  不要代替孩子动手 \185

  给孩子动手的机会 \186

- **2. 端正意识：鼓励孩子参加各种劳动** \188

  妈妈首先要树立正确的劳动观念 \189

  放手让孩子去做力所能及的事情 \190

- **3. 给予重视：尊重孩子的劳动成果** \192

  引导孩子正确认识劳动 \193

  欣赏并珍惜孩子的劳动成果 \194

- **4. 母子同行：和孩子一起劳动** \196

  让孩子懂得为家人分担 \197

  给孩子为家人服务的机会 \198

第11章
好妈妈善于教会孩子守规矩

○ **1. 上下楼梯：安全第一** \202

　　楼梯上不推搡，不打闹，不逗留 \203

　　电梯上玩耍要不得 \204

○ **2. 公共场合：要保持安静** \206

　　不妨碍他人是一种美德 \207

　　约束孩子的吵闹行为 \208

○ **3. 他人物品：非请勿动** \210

　　通过讲故事，正确引导孩子 \211

　　加强沟通，了解孩子的内在需求 \212

○ **4. 办事程序：耐心等待** \214

　　做任何事情都有一定的程序 \215

　　学会等待 \216

第12章
好妈妈应主动带领孩子放眼未来

1. 电视：了解世界的窗口 \220

陪同孩子一起看电视 \221

电视与地图结合了解世界地理 \222

2. 互联网：通往多姿多彩的世界 \224

正确使用互联网 \225

引导孩子健康上网 \226

3. 听书：倾听不一样的思想 \228

睡前陪孩子一起听听书 \229

给孩子订一份报刊，听书阅读相结合 \230

4. 体验：身临其境才能出真知 \231

带孩子去世界各地旅游 \232

带孩子体验农村生活 \233

附：学历不高，也能做个好妈妈 \235

第 1 章

好妈妈的影响力

1
接纳：无条件接纳是妈妈给孩子最好的礼物

作为一个孩子，他心中最大的渴望就是让妈妈完全接纳自己，无条件地爱自己。在生活中，能够实现这一渴望的孩子，通常都会更自爱、更自信。

彤彤刚上幼儿园。早上，彤彤刚睡醒就开始哭，哭得整个人上气不接下气。醒来时她就说不要穿衣服、不洗脸、不刷牙、不吃早饭，还装病让妈妈帮她请假不去幼儿园，最后她被妈妈拉着出门时仍使劲抓着门框不撒手……种种手段使尽，妈妈一直忍着没有发脾气，也没有表现出不满的情绪，而是完全接受了她的哭闹和坏情绪。

彤彤哭着说："我不想去幼儿园！"

妈妈说："我知道了，你不想去幼儿园，你想待在家里，咱们先吃饭！"

彤彤又哭着说："妈妈，我害怕！"

妈妈说："我知道，没关系，我会陪着你去幼儿园，下午早点去接你！"

彤彤还没有停止哭泣："妈妈，我不想和你分开！"

妈妈继续安抚她说："妈妈也不想和你分开，所以，下午妈妈一定争取第一个去接你……"

妈妈的安慰和理解稍微缓解了彤彤的情绪，尽管彤彤还是不停地啜泣着，但最终她总算答应了去上幼儿园。

之后的一个月里，彤彤依然每天都哭闹着不想去幼儿园。但是妈妈每天都非常耐心地安慰彤彤，完全接纳她所有的坏情绪，然后坚持每天亲自送她去幼儿园。慢慢地，彤彤就不再因为要去幼儿园而哭闹不止了。

育儿也是育己。每个妈妈的心里都住着一个小孩，我们在教育孩子的同时也是一场自我的完善和成长。要想做一个好妈妈，仅有满腔的爱心还不够，若爱得太多太过，一不小心就成了溺爱和纵容。妈妈尽力去接纳孩子的感受，孩子就会感到更安全，他们的不良情绪就会得到缓解和释放。当孩子意识到自己被妈妈接纳和尊重时，内心自然就会少一些抵抗和焦虑。虽然我们无法做到每次都能正确地判断孩子的感受，但还是要尽力地去理解并接纳孩子。

坏情绪来了怎么办？

每个人都有自己的情绪，作为小孩子，情绪更是多变，无论是好情绪还是坏情绪，都会影响到自己或他人。作为妈妈的我们，不仅要接纳孩子的好情绪，还要接纳孩子的坏情绪。

去年夏天的一个下午，我们几个初中同学到班长家参加烧烤聚会。当年的班长现在是一家公司的老板，他的妻子原本是一名小学老师，后来有了孩子后就离职在家全职带孩子。他们有一儿一女两个孩子。大家正在院子里吃着聊着，突然就听见屋里传来了孩子的哭声。原来是班长的儿子哭了，他妻子立刻起身进屋去了。

过了一会儿，孩子传出来的哭声不仅没有减小反而更大了。班长的妻子走出来对我们说："先让他自己待一会儿。"然后她继续和我们玩着。

尽管孩子还在屋子里继续哭，但他们夫妻俩依然若无其事地聊天、烧烤、招待客人。过了一会儿，我进屋一看，发现孩子居然趴在桌上睡着了，脸上还挂着两颗泪珠。

一直以来，我都认为孩子哭泣的时候大人应该想办法哄他，不能任由他独自哭下去。而当我跟班长的妻子聊起如何对待孩子哭闹的问题时，她对我说："我儿子才三岁，他还不太会表达自己，哭闹自有他的理由：心情不好、肚子不舒服、饿了、渴了等。哭闹是孩子表达情感的一种方式，也是孩子愈合感情创伤的必要过程。等他哭够了，自然就会平静下来。大人如果强行制止孩子的哭泣会让孩子情绪低落，他内心的负面情绪和受到的创伤反而没有机会发泄和愈合。还有一种情况是，孩子的要求没有得到满足也会哭闹，让他自己待一会儿可以让他明白，哭闹并不能解决问题。允许孩子哭闹，也就给了孩子自我反思的空间和机会。"听了她的说法之后，我从此改变了自己原有的看法。

对于班长妻子说的话，我表示赞同。是的，在孩子哭闹的时候哄一哄，孩子虽然暂时不哭了，但这并不能真正地解决问题，反而还可能会让孩子变本加厉。

情绪会对孩子的言行产生影响。比如：孩子情绪好的时候，可能会欢呼雀跃，做事的积极性就高；而当孩子情绪不好的时候，可能就会灰心、失落，做事的积极性就差一些。明白了这一点，我们才能避免自己受到孩子情绪的影响,才能更加理性地去对待孩子,完全地接纳孩子的情绪。

妈妈不了解我!

经过我的观察发现,虽然我们很多女性都是生理意义上的妈妈,可是在心理和教育方面,很多妈妈都是不合格的。即便我是从事家庭教育研究工作的,但对于孩子的心理,也仍有很多不明白和不理解的地方。但是通过大量的案例分析,我明白了一个事实——要想接纳孩子,就要从内心深处去理解孩子。

我女儿上一年级的时候,有一次,我因为一件事情批评了她。因为她做错了事情,所以对她进行了批评之后,我就去了客厅,留她待在自己的房间里。过了半个小时后,我走进女儿的房间,发现她独自对着窗户,两个肩膀一耸一耸地在抽泣,两只手还不停地揉搓着眼睛。

看到她这样,我就过去安慰她:"刚才,是不是我话说重了?"女儿本来是轻轻地抽泣,听到我的话,哭得更厉害了,说:"我也有自己的尊严呀……"

我突然意识到,刚才批评她的时候,我确实忽视了这一点,孩子也有尊严。

女儿的话像一根针一样刺痛了我。我是专门研究家庭教育的,也学过儿童心理学,但还是没有搞清楚孩子的心理。

说到对孩子的了解,其实很多妈妈都做得不够。后来针对这个问题,我做了一次社会调查,结果显示:60%的妈妈认为自己了解孩子,然而却有85%的孩子认为妈妈不了解自己。反差居然如此之大！

　　如今，不了解自己的孩子，不明白孩子内心的真实想法，是很多妈妈的通病。妈妈爱孩子，就要尽最大努力去接纳和包容所有状态下的他们，而实现这个目标的前提是理解。因此，妈妈要在平时多加反思，想想自己对孩子真正了解多少，有哪些不足之处，然后用心去改善这种状况。妈妈只有真正从内心深处去理解孩子，才能更好地接纳他们，成为他们安全的"避风港"。

2
映射：孩子是妈妈的影子

妈妈和孩子之间的关系，不仅仅只是养育与陪伴的关系，在孩子的成长时光里，妈妈是跟他们接触时间最长，对他们影响最大的成年人。妈妈的一言一行、一举一动都会反映到孩子的言谈举止中，都会映射在他们的人生里，为他们的性格养成和人生格局奠定基础。

李女士是一个离异的单亲妈妈，她和女儿相依为命，日子比较艰难。一天，女儿走到李女士面前说："妈妈，我不喜欢自己长成这个样子，太丑了！"

李女士没想到女儿会突然这么说，而且她竟然这么厌恶自己的容貌，她掩饰自己的惊讶，安慰女儿说："宝贝，你怎么会有这种想法呢？你都不知道自己长得有多可爱、多漂亮！"

女儿半信半疑地说："妈妈，你好像也不喜欢自己的样子。你照镜子的时候，总是皱着眉头，似乎也是很不满意、很厌恶你的长相呀。"

听完女儿的话，李女士这才隐隐觉得自己平时表现得有些不妥。在之后照镜子的时候，李女士开始仔细观察自己的表情，发现女儿说的话是对的，在看到自己发黄的皮肤、干枯的头发和厚厚的双下巴时，她确实露出了不满的表情。她决心改掉这个坏习惯，不管生活多艰辛，在女儿面前也要保持愉快的心情，让女儿也学着做一个积极乐观的人。

妈妈的生活细节，会影响到孩子的生活习惯。

妈妈是事业女强人，还是以家庭为重的贤妻良母，会影响到孩子将来如何处理事业和家庭。

妈妈对婚姻的观点，会直接影响孩子的恋爱观和婚姻观。

妈妈是否善良、是否乐观自信、是否有主见……也会影响到孩子将来的个性和品德。

……

因此，为了保持健康的亲子关系，塑造个性健康的孩子，妈妈就要经常审视自己，反省自我，发现自身的问题后要及时地调整自己，努力在孩子面前表现出最好的状态，给孩子积极乐观的影响，为他们树立良好的榜样。

你说的每一句话孩子都记着呢！

孩子是妈妈的一面镜子，妈妈身上或好或坏的方面都会映射到孩子身上。曾有教育家说："孩子的心是一块奇怪的土地，播上思想的种子就会获得行为的收获；播上行为的种子就会获得习惯的收获；播上习惯的种子，就会获得品德的收获；播上品德的种子，就会获得命运的收获。"

秦女士的儿子周沫长得个子高大，他为人仗义，爱打抱不平，因此深受同学们的喜欢。然而周沫也有一个缺点，就是喜欢说脏话。

一天，周沫和一名男同学发生了矛盾，他忍不住接连骂了对方几句难听的话。那个男生也被激怒，动手打了他一拳。周沫顿时怒火中烧，和男生扭打在一起，幸好被同学们及时拉开，才没有酿成大错。

班主任将秦女士叫到学校。听班主任讲了事情的原委之后，秦女士也气不打一处来，忍不住一边拍打着周沫一边大声说道："你这个孩子，天天不好好学习，净在学校给我惹事，你是不是成心气我，嫌我过得太舒心啊？"

秦女士急火攻心，全然不顾周沫的同学和班主任都在场。眼看着现场马上就要失控，班主任及时上前制止了秦女士对周沫的打骂，劝她先坐下来冷静一下。

秦女士坐下后还觉得不解气，继续用手指着周沫说道："天天只知道骂人、打架，你这个不争气的东西！"

周沫在一旁低垂着脑袋，顿时也不服气地冲妈妈低声反驳道："你能骂人，为什么我就不能？"

看到一场母子战争又将上演，班主任又立刻上前阻止，随后也与秦女士进行了深入的交谈。通过一番劝解，秦女士后来也认识到了是由于自己平时的不良言行给周沫带来了不好的影响，决心从此改过自新，做孩子的榜样。

孩子不文明的言行在很大程度上受周围环境的影响。因此，要想让孩子变成一个讲文明有礼貌的人，首先就要清洁孩子周围的生活环境。若发现孩子有打人、骂人的习惯，就要找出根源，尽量让孩子远离或者少接触不良环境。作为父母，也应当以身作则，规范自己的言行，不要让孩子学习自己的不良行为。

言传不如身教

言传不如身教，这是教育的第一原则。妈妈们以实际行动做表率，胜过无数次的训示和说教。曾有教育专家说："孩子的眼睛是一台录像机，孩子的耳朵是一部录音机，孩子的头脑则是一台计算机。"这个比喻形象地告诉我们：家庭教育寓于日常生活之中，妈妈毫无掩饰的言谈举止会时刻被孩子模仿，继而对孩子造成潜移默化的影响。

曾经有一段儿时间，杜女士爱上了喝酒，不管什么情况，她每天都要抽空去酒吧喝上一杯。

在一个大雪纷飞的日子，杜女士忙完后又径直走向酒吧。没走多远，杜女士就感觉有人跟在她的后面。当她转身去看时，才发现她那还不满八岁的女儿正踩着她留在雪地里的脚印，兴奋地对她说："妈妈你看，我正踩着你的脚印呢！"

女儿的话让杜女士整个人为之一震，接着她陷入了深深的思索："女儿在一步一个脚印地追随我，而我却是在走向酒吧的路上，我这不是在教孩子'喝酒'吗？我的一言一行女儿都能看到，她也会默默照着我的样子学，等她长大后就会跟我一样！"

也是从那天开始，杜女士再也没有去过酒吧。

妈妈做什么，孩子就做什么，这就是上行下效。中国有句俗语，叫"上梁不正下梁歪"，说的也是这个道理。如果妈妈在日常生活中不注意管理自己的言行，孩子就会无意识地模仿，继而养成一些不良的行为习惯。

作为家长，我们总是要求孩子做到规圆矩方，而自己却在不经意中成了他们的反面教材，做了一个不好的榜样，这是值得每一位妈妈深思的。

3
辅助：好妈妈是孩子永远的"灯塔"

对于自己的天赋，孩子需要花费一定的时间去自我发掘。这时，妈妈要扮演好协助、指导和鼓励的角色。好妈妈是孩子远航归来的灯塔，永远指引着孩子向着正确的目标和方向前行。

我家楼上住着一家三口，夫妻俩都是上班族，他们有一个三岁的儿子，名叫小彭，长得特别可爱。

小彭从上幼儿园第一天开始就不安静，只要一看到教室里的钢琴就想爬上去。一个星期后，小彭便要求妈妈要给他买一架钢琴。小彭哭闹了一个月，妈妈实在架不住儿子的要求，只能花两千多元钱给他买了一架电子琴。对于到手的电子琴，小彭确实喜欢了一阵子，但没过多久，他就把电子琴扔在一边，继续闹着要钢琴。

小彭妈妈经过几个月的思想斗争之后，决定狠下心给儿子买一架钢琴。可是小彭的爸爸却觉得孩子还小，兴趣还没养成，现在只是对钢琴感到好奇，等再长大些兴趣固定了再说也不迟。但小彭妈妈不顾丈夫的阻拦，执意给儿子买了钢琴，还专门为儿子请了钢琴老师。在开始的两个月中，小彭的表现确实不错，学钢琴进步很快，就连玩的时候也常常哼着小调，小彭妈妈感到很欣慰，认为自己做了正确的决定。

但这样的日子并没有维持多久，半年之后，钢琴就成了家里的摆设。小彭又开始喜欢上了变形金刚和光头强，不仅天天闹着看动画片，还让妈妈给他买相关图书。

看到儿子这个样子，小彭妈妈也感到很无奈。小彭妈妈最后去咨询了相关的专家，回家后找小彭进行交流，要求小彭在众多要求的兴趣爱好中选择最喜欢的那个，然后约定每天固定时间对自己的爱好进行练习，否则不管再有什么要求，妈妈都不会再答应。经过引导，小彭最终还是选择了钢琴，并坚持练习，现在已经有了不错的成绩。

孩子的好奇心一般都比较重，他们喜欢对未知的事物进行探索，但是在生理和心理都没有发展成熟的时候，他们的专注力一般都较差，注意力容易被转移，兴趣点持续的时间比较短。如果孩子的兴趣还未培养成型，想要什么大人就给什么，这样会容易出现兴趣疲劳，或许到最后他们就会对什么都不感兴趣了。所以妈妈要做好指导和协助，不能盲目地满足孩子所有的要求。

帮助孩子找到"真爱"，实现目标

妈妈在帮助孩子制定目标的过程中，要不断地帮助孩子对目标进行筛选和确认。在这个过程中，孩子必然会经历许多挫折或者放弃。妈妈要做好引导，帮助孩子确立最适合他们的目标，并鼓励他们为实现目标而不断去努力，去坚持。

一个朋友给我讲述了她女儿学钢琴的经历，让我感触颇深。朋友为了督促女儿坚持学钢琴，用心地为女儿构设了三个阶段与三次机会。

第一个阶段：坚持学习钢琴一个月。而且必须学满一个月后，才能考虑是继续学习还是从此放弃。未学满一个月要放弃，则必须说出能让人接受的原因，比如：个性不适合或是不感兴趣。

第二个阶段：坚持学习钢琴三个月。这一阶段主要考察热爱钢琴这个兴趣能否让她撑过辛苦的练习期。练习满三个月后，可以决定是否放弃。

第三个阶段：继续坚持学习钢琴三个月。这三个月学习期满后，再一次可以决定是否放弃。但是如果这个阶段不放弃，就要继续学习六年后才能再做决定。

对于朋友为女儿设计的这样一个目标学习，我表示赞同。在孩子的一生中，会出现许多机会，但孩子有没有抓住每一个机会不重要，重要的是要让孩子了解到：人生有很多条路可以走，不一定非得"一条道走到黑"。但是，一旦决定了学习，就要有恒心，好好学。当然，也可能一开始的决定是不适合自己的，一个不适合的决定并不能让我们万劫不复，还有机会重来，但是我们在做每一次决定的时候都要慎重。

要做到"让孩子像孩子那样长大"

孩子的成长是一个不断尝试、不断学习的过程。在这个过程中，孩子难免会出错，难免会有不尽如人意的地方。妈妈们要针对孩子的实际情况，帮他们建立适合自身发展的目标，告诉他们不能好高骛远，不能眼高手低，以免孩子因期望过高又难以实现而遭受心理挫折。

我女儿和她班上的小娜关系不错。小娜长得漂亮可爱，性格也活泼开朗，不仅学习好，还能歌善舞，学校文艺汇演总少不了她的影子。

小娜在学校时与同学们关系很好，但放学后却不能跟同学们一起玩耍。因为妈妈为她报了几个兴趣班，每天放学后，小娜都要去兴趣班上课，比其他同学忙很多。

看到小娜有那么多兴趣班，我女儿也曾问我为什么不给她报兴趣班。我回答她说："你喜欢这样的课余生活吗？如果报了这些兴趣班，把你的课余时间都排得满满的，你愿意吗？"

"不喜欢！不愿意！"女儿回答。

"我觉得也是。我只想让你平时的学习和生活轻松快乐一些。我之所以不给你报兴趣班，一是想让你能有更多的时间来放松自己，二是有些课程你不喜欢，要是强迫你去学，你应该也不会愿意学。"

女儿想了想，说："那么你给我报个舞蹈班和绘画班吧，我比较喜欢这两样。"

看到女儿认真的样子，我点点头答应了。

很多家长都"望子成龙，望女成凤"，恨不得把孩子培养成一个"上天下地，无所不能"的全能型人才。但对于孩子来说，过度的期盼与培养无异于"揠苗助长"。揠苗助长的坏处，众人皆知。无休止地对孩子提出过高要求，多半都会引起孩子的反感；家长只有调整好自己的心态，帮助孩子确立适合他们的目标，并适时引导，这样才有助于孩子的健康成长，才能让孩子像孩子那样长大。

4
监督：好妈妈是孩子行为的监督人

孩子的成长是一个出现问题、解决问题的长期过程。妈妈不仅要陪伴孩子，给予孩子最无私的爱，还要做孩子成长道路上的合格监督人，引导好孩子的一举一动。孩子一旦出现了不良言行，妈妈就要及时指正，帮助孩子成为更好的自己。

夏日的一天，晚饭过后，我带女儿去散步，中途女儿说口渴，我便让她自己去买饮料。

女儿走到超市门口，大喊一声："喂，给我一瓶矿泉水！"

买完水，老板在给女儿找零钱时，女儿又催促说："你快一点！"

我扭头看了看，看到超市老板皱了皱眉头，把零钱甩给了女儿。

回家后，我跟老公说起了这件事，老公问："她在外面这么没礼貌？看来以后得好好教她文明礼貌了，不能只抓她的学习成绩而对品格教养不管，否则孩子身上会出现更多类似的问题。"

之后，我来到女儿的房间对她说："在外面称呼别人'喂'，非常不礼貌。出门在外，和别人打招呼，要根据对方的性别和年龄来称呼对方，这样既是对别人的尊重，也能显示出你的教养，明白吗？"女儿红着脸点点头。

晚上，住在对门的张姐带着她的女儿蒙蒙来我家玩。蒙蒙穿着一件条纹连衣裙，女儿一看到蒙蒙就冲她喊着："斑马，斑马，蒙蒙好像一个斑马。"

蒙蒙听见女儿的嘲笑,委屈地哭了起来。我赶紧走过去,对女儿说:"快给姐姐道歉。"

刚开始,女儿还不情愿,我告诉她:"如果蒙蒙姐姐也嘲笑你,你愿意吗?"

女儿想了一会儿,走过去对蒙蒙说:"姐姐,对不起,我错了。"

蒙蒙走后,我对女儿说:"你的学习成绩虽然不错,但修养也不能落后。良好的教养能够给人留下美好的印象,可以让我们在人际交往中更加顺利。"

渐渐地,在我们的不断教育下,女儿慢慢懂得了礼貌待人。

教育孩子讲文明懂礼貌是做人处事的起点,发现孩子没礼貌,明智的妈妈都会为孩子指出来,并让孩子改正。

孩子的身心发展还不成熟,离不开妈妈的监督与管教。如果想让孩子从小就养成文明礼貌的行为,或者让孩子养成各种好习惯,就要对他们做好监督,尽到监督人的职责。

让孩子爱上运动

英国著名的伊顿公学有一个教学宗旨:运动第一,学习第二。他们认为,体育的本质是人格的教育。在许多发达国家,中小学生每天都有体育课。而据调查显示,中国少年儿童的运动量明显不足,身体素质和心理素质均令人忧虑。针对这种情况,妈妈一定要发挥好自己的监督功能,督促孩子改变不良的生活习惯,并积极带领孩子一起进行改变，积极锻炼身体，为人生打下坚实的革命资本。

我女儿从小就喜静不喜动，每次小朋友邀请她一起踢球，她总说："踢球我的脚会疼的。"她只会远远地看着别人，不愿意参与。她也不喜欢出门，总是"宅"在家里看电视，玩玩具，常常几个小时都不活动一下。每当我们带她出门的时候，她走一会儿路就会喊累。

为了提起女儿对运动的兴趣，我特意和她制定了一份运动计划，并承诺每天都会和她一起运动。

之后，我和女儿相互监督，严格执行运动计划。每天早晨起来，我们都会下楼慢跑半个小时，之后回家吃早餐。每天吃完晚饭后，休息半个小时，我们会在小区里散步、慢走或打羽毛球。

就这样，女儿慢慢地坚持了下来，不知不觉中，她居然爱上了运动。

坚持锻炼身体的好处众所周知。可是，中国目前应试教育的现实状况，又让孩子们的课业负担过重，课余活动时间过少，结果孩子们的学习成绩虽然提高了，但身体素质却没有提升，甚至有些孩子早早就戴上了近视眼镜。

我们教育孩子的目的，是希望他们的学习和身心同步发展。既要孩子能学好知识，更要他们拥有强健的体魄。妈妈在平时要引导孩子加强运动，只有身体素质好了，才能更好地面对学习上的各种困难和压力。

品格养成很重要

对于孩子来说，成才需要智慧，成人则需要品格，要想让孩子长大后在社会上取得成就，首先要引导培养他们良好的品格。然而品格的培养也不是一蹴而就的，也需要妈妈的监督。如果妈妈发现了孩子的不良行为，要及时作出提醒和引导，让孩子及时改正。

郭女士的儿子成绩一直很不错，一直以来，郭女士没有给予过多的关注，因为儿子在学习上根本就不用她操心。

在郭女士眼中，虽然不用太多操心儿子的学习成绩，但儿子的成长却是头等大事。不管儿子是竞选班级干部，还是参加各种演讲比赛，抑或是参加各种爱心活动等，郭女士都表示大力支持。儿子也因在学校里的优异表现受到了老师和同学们的一致好评。

一次，学校组织教学研讨会，邀请有兴趣的家长自愿参加。当时正出差在外的郭女士以最快的速度完成了工作，赶火车回来参加了研讨会。在研讨会上，郭女士还针对自己对孩子的养育和培养做了热情而有见地的发言，让学校领导和老师受到很大的启发。

为了让儿子学会做人，郭女士不会只讲大道理，而是自然、本能地将教育融入日常生活中；为了了解儿子的情况，郭女士经常跟班主任沟通，做好家校结合的教育，儿子有不足的地方才能及时发现和弥补。

儿子对郭女士也很敬重，有时把她当尊敬的长辈，有时把她当知心的朋友。母子二人无话不说，无事不谈。

俗话说：言传不如身教。我们在培养孩子形成良好品格的时候，首先要规范自己的言行，才能监督好孩子的品行，为孩子树立良好的榜样。其次要在这方面给予较多的关注，让孩子知道妈妈很看重他的个人品格。久而久之，孩子就会慢慢地朝我们所期望的方向发展，变得越来越优秀。

第 2 章

好妈妈教育五大原则

1
尊重：孩子与你是平等的

妈妈们在育儿中会不会遇到这样的问题？想让孩子尊重自己，却忽视了对孩子的尊重；关心孩子的生活，对孩子细心呵护，却不会真正将孩子作为有尊严的人看待；有时候不想听孩子说话，却不时将自己的喜怒哀乐强加给孩子……如果妈妈不懂得尊重孩子，那么孩子如何学会尊重妈妈，尊重他人呢？

今年参加同学聚会的时候，大家聊起了孩子的话题。一个同学说："我真是不了解我家孩子，我给她挑的漂亮衣服，她却总是不喜欢。"

我问她怎么回事。这位同学就跟我们讲述了一件最近发生的事。

一天早上，同学去女儿的卧室叫她起床。但一直到早餐做好端上桌了，女儿还没从卧室走出来。同学再次去催促女儿，当她推开门，看到女儿正在穿一条黑色长裤。

"怎么穿这个？昨天我不是给你找好要穿的衣服了吗？"同学一边说一边拿起放在沙发上的连衣裙，把裙子递给女儿后，又到书房给女儿装书包。

同学将书包拎出来，一眼看到坐在餐桌前的女儿，鼻子差点气歪了，声音立马高了八度："为什么不换裙子，还要穿裤子？"

女儿一脸委屈道："我喜欢这样穿嘛！"

同学依然坚持劝女儿："听话好不好？这样真难看，快去换！"

女儿默默地回房间换好裙子,这才平息了同学的怒火。

但从此以后,同学和女儿的关系也不再似从前那样亲密,女儿总是在一些小事上与她对抗着,她越是想要女儿这么做,女儿就越是逆其道而行,让她不知道该如何是好。

听了同学的话,在座的各位纷纷议论起来。

孩子长到一定的年龄,就会有自己的看法和选择,他们不是父母的附属品,而是一个独立的人。当他们会发表意见,会做自己的选择也就意味着他们的成长。

哲学家威廉·詹姆斯曾经说过:"潜藏在人们内心深处的最深层次的动力,是想被人承认、想受人尊重的欲望。"渴望受人喜爱、受人尊敬、受人崇拜,这是人类的天性。但是,人类生存的规则是有取必有舍,你的内心希望获得些什么,你就必须先付出什么。如果你希望获得他人的尊重,就要先学会尊重他人。

妈妈要让孩子成长为他自己希望的样子,而非妈妈希望的样子。上面这个故事里的孩子选择了自己喜欢的衣服,说明她已经具有独立的意识,渴望自己做决定。所以只要她的选择不是太出格,妈妈就应该尊重她的意见,让她大胆地去穿。

孩子是个独立的个体,他们也渴望得到大人的尊重。一厢情愿地按照自己的想法去要求孩子,或者总是让孩子按照自己的意见去做,只能引起孩子的反感;而且,孩子年龄越大,这种反感的程度也越大,继而会产生逆反心理。

尊重，从信任开始

既然我们要尊重孩子，首先就要信任孩子。苏联教育家苏霍姆林斯基说过："对人的信任，形象点说，是翅膀赖以飞翔的空气。"获得妈妈的信任，孩子就会有充足的信心去面对一切事情，能从容不迫地应对困难。

一直以来，我们都对女儿十分信任。为了培养她形成良好的作业习惯，我特别对她进行了一段时间的训练，之后她就学会了做完作业进行自我检查。从小学二年级开始，我就不再检查她的作业。虽然老师要求家长每天对孩子的作业进行检查后签名，但通常都是她将作业自己检查过后拿给我，我签上名字。女儿的作业偶尔还会出现一些小错误，但我知道，这是孩子成长中必然的经历，不用对此大惊小怪，更不必求全责备。

升入初中后，女儿进入了青春期，有了一些自己的小秘密。我们也给了她足够的信任，尊重她的隐私，从不去翻看她的日记本等私人物品，需要时必须先经过她的同意。

在对待金钱方面，我们家里的零钱都是放在一个抽屉里，需要的话，自由拿取。但女儿从来都不会主动拿，都会经过我们的同意，她的学习用品的所需支出，都由她自己安排，我们基本不细问。

当然，这种信任的实现也是源于我们一直以来对她的培养。她的品格，值得我们信赖。

孩子最讨厌的就是妈妈对自己的不信任，例如，本来自己洗了衣服，妈妈却非要再洗一遍；说好了让她"再看半个小时电视就睡觉"，可是妈妈依然一遍遍地催促；孩子自己能去超市买东西，但妈妈就是不放心……面对这样的妈妈，孩子也会感到很无奈，有苦难言啊！

　　妈妈的信任是孩子做事情的动力，给孩子较多的信任，能够激发他们的兴趣，从而带给我们意想不到的惊喜。所以尊重孩子，就要从信任他们开始。

让孩子做自己的主人

　　小时候，孩子能够自己决定的事非常有限，无非是吃什么、穿什么、到哪里玩儿、和谁玩等小事儿，但正是这些"小事儿"的决定权，却可以培养孩子的自主选择能力、分析能力和社交能力等，也能够让孩子学会为自己的选择承担后果，培养责任意识。孩子有自己的独立思想，也有自己的决定权，既然是跟孩子有关的事情，就要尽量把支配权、选择权交给他们，而妈妈只保留建议权。

　　杜女士是个服装设计师，穿衣服很讲究搭配。只要参加亲友聚会，她都会亲自给女儿挑选衣服，把女儿打扮得漂亮出众。但自从女儿上了中学后，她再也不像从前那样"好摆布"了，也不愿意妈妈再干涉自己的穿着。

　　杜女士感到很难接受，觉得女儿自己搭配的衣服不合适，也不好看，母女俩总是为此事发生矛盾，有几次女儿"说不过"妈妈，索性就一直待在屋里，拒绝出门。

　　杜女士跟我聊起这件事的时候，我劝她说："既然衣服是穿在孩子了身上，只要她自己舒服、高兴就行。每个人的审美观都不同，为何总让孩子按你的意思来,而不能尊重一下孩子的意见?再说,穿衣搭配没有对错之分,难道孩子自己选择的就是错的?"

孩子喜欢自己做决定,说明孩子的独立意识正在发展,妈妈应该感到高兴。如果孩子连自己想穿什么都不能决定,将来还能有什么决断力?

孩子跟同学一起玩,并且已经跟你约定了时间,就不要一遍遍地催促,只需要适时提醒一下,引导他遵守时间约定。

孩子给同学买生日礼物,妈妈只要给出合理建议,决定权留给孩子,只要买的礼物合适、价钱合理,就不要过多地干预。

孩子选择自己喜欢的衣服,只要符合大众审美、不出格,妈妈也尽量不要干涉。

2
了解：接受孩子的反馈

每当孩子犯错时，一些妈妈通常会感到生气，急于批评指正。面对妈妈的指责，孩子都会想出很多理由来替自己辩解，这就会导致妈妈更加气愤，认为孩子是故意狡辩。其实，这并不是狡辩，而是孩子对家庭教育的一种反馈。实际上，很多时候孩子发生的错误行为都有一定的原因，妈妈要学会控制自己的情绪，根据孩子的行为所反馈的信息引导孩子，把孩子犯错的根源找出来，才能帮助孩子更好地成长。

杜女士的儿子已经五岁了。一天中午，杜女士在给儿子盛饭时，不小心把一点儿米饭撒在桌子上。儿子竟然对她说："妈妈，你真蠢！"

杜女士问："你怎么说脏话？"

儿子说："我没有说脏话，我们班小朋友都这样说。"

杜女士说："'你真蠢！'这句话就是脏话，它代表了对一个人的蔑视，任何人听到这句话，都会伤心。"

儿子说："可是我们班小朋友都这样说。"

杜女士说："不管怎样，对别人讲这样的话就是不礼貌。其他小朋友不讲礼貌也是不对的，妈妈希望你是个讲礼貌的孩子。"

在这个案例中，杜女士对孩子的反馈做出了很好的回应，既给了孩子足够的尊重，又达到了教育目的——引导孩子不说脏话，做个有礼貌的孩子。

当孩子提到"我们班小朋友都这样说"后，妈妈从孩子的反馈中得知，他并不知道"你真蠢"是脏话。于是，妈妈便告诉孩子那句话是脏话，代表什么意思，别人听了这样的话会有什么样的感受，从而使孩子认同"你真蠢"就是脏话。当妈妈再告诉孩子，讲脏话是不礼貌的行为时，并表达自己对孩子的期望是做有礼貌的孩子，孩子明白了这些道理之后就不会再讲脏话了。

重视孩子的反馈

一般孩子主动跟妈妈沟通，说明他们遇到了一些难题，妈妈不能对孩子反馈的信息视而不见、听而不闻，更不能对孩子敷衍了事，而应该积极了解在孩子身上出现的问题或者烦恼，帮助他们解决难题。

刘女士的女儿很小的时候，总喜欢在刘女士面前叽叽喳喳地说话，像只小鸟一样快活；尤其是放学回到家之后，她更会说个不停，总要缠着刘女士，说说在学校与同学和老师的事，说说自己遇到的趣事。

但刘女士对于女儿说的那些鸡毛蒜皮的琐事并不感兴趣，经常敷衍她。不论女儿讲了什么有趣的事，刘女士都会说："好，我知道了。"如果女儿说了自己遇到的烦恼，刘女士会略微安慰她一下说："没事，慢慢就会好了。"

有一次，女儿放学回到家一副忧心忡忡的样子，小声地对刘女士说："妈妈，今天我们英语单元测试成绩出来了，我考得不好。"刘女士正在跟客户打电话沟通工作，就对女儿说："好了，我知道了，这次没考好，就得好好努力了。我正忙着呢，你先自己去玩吧！"女儿悻悻地关上门出去了，她本来想跟妈妈好好聊一聊，可刘女士却没有给她机会。

妈妈对孩子所反馈的信息进行认真思考，然后再与他们进行深入的沟通交流，就能全面了解孩子的"动向"和想法，进而对于孩子的认知、行为、心理特点等做出恰当的评价，有助于引导和教育孩子往正确的方向发展。

如果妈妈不重视孩子反馈的信息，忽视孩子的需求，就会影响亲子关系，影响家庭教育的效果。

针对孩子反馈的问题及时教育

在家庭教育中，我们会经常接收到孩子的各种反馈，不仅有语言交流方面的，还有行为方面的。但不管是接收到孩子哪一方面的反馈，妈妈都要细心观察，及时发现、分析孩子所表现出来的问题，并且要思考出合适的办法来解决问题。

孙女士的女儿上初中后，也开始学着别人的样子"时尚"起来了。看到很多女同学都留着新潮的发型，有的甚至还染了颜色，她很羡慕，一放假就用自己的压岁钱去做了新发型，还将头发染成了黄色。爸爸看到她的黄色头发非常生气，大声说："小孩子家家的，还染头发，真难看！"女儿听了爸爸的话感到很难堪，伤心地跑进自己的房间里。

孙女士看在眼里，但并未责怪女儿。等女儿情绪稍微平静一些之后，孙女士走进她房间，认真地看了看女儿的发型，说："这种发型很好看，把你的脸衬得小了些、白了些，而且这种发型是今年最流行的。可是，你的同学都留这种发型，也就没什么特别的了。如果你能改改，说不定会更好看。"

女儿一听孙女士这么说就来了兴致，认真地问："妈妈，你说怎样才能让我与众不同呢？"

"这个发型虽然很流行，但是学校不让学生染发，而且染发还损害头发，还是黑色最好看。你的脸比较圆，头发上戴一个发卡，一定很好看。"孙女士建议道。

女儿听了赞同地点点头。

在孩子成长的过程中，妈妈往往担负的责任更大。要教育好孩子，妈妈不仅要给他们灌输正确的思想，还要接受孩子反馈的信息，并对孩子反馈的信息进行正确的分析和总结，之后进行有目的、有针对性的教育。发现问题而不进行教育，是对孩子的一种纵容，不仅不利于问题的解决，还会让孩子对事物产生错误的认识，继而偏离健康成长的轨道。

3
倾听：让他们更加信任你

教育孩子的第一步是了解孩子，而了解孩子的一个重要途径是倾听孩子的心声。从孩子的倾诉中，能够了解到他在想什么、关心什么、需要什么，然后有针对性地给予关心和帮助，让孩子信任你。如此一来，不仅有利于形成融洽的亲子关系，顺利实施家庭教育，还有利于孩子心理的健康发展。如果不管孩子是否做错了事情，不了解清楚事情的真相，就把责任全部推到孩子身上，不给孩子解释的机会，久而久之，会加重孩子心理的委屈，逐渐地不愿意辩解，影响孩子的正常心理发育。

王女士工作繁忙，每天还要抽空接送女儿上下学。一个闷热的下午，王女士骑车接女儿放学。女儿坐在车后，不停地向她讲着在班里与同学闹别扭的事，忙碌了一天的王女士毫无反应地听着。突然，女儿大声说："妈妈，我差点儿忘了，明天有美术课，老师让我们准备卡纸。"

王女士不耐烦地说："早干吗去了，刚才路过文具店的时候为什么不说？"女儿不再说话，王女士只好掉头往回骑。当她带着女儿返回文具店时，女儿却没有下车，恨恨地说："我不买了，回家！"

王女士一下来了气，气冲冲地质问女儿为什么这么不听话。女儿眼泪汪汪地望着她说："妈妈，你知道吗？我们小孩儿也很可怜！"

王女士突然愣住了，她的心脏仿佛被狠狠地一击。女儿的小脸通红，哽咽着说："妈妈，你们大人心烦的时候，可以对我们发火；我们小孩心烦的时候，可以对你们发火吗？你知不知道，我们有时候也很难受……"女儿的这番话使王女士久久无法平静下来。

这件事情之后，王女士就开始有意识地调整自己的状态，密切关注女儿的喜怒哀乐，不仅在学习和生活上更加关心她，更会设身处地地为她着想，关注她的心理发展。母女俩之间的关系也越来越亲密。

每个妈妈都爱自己的孩子，在物质生活上会极尽可能地满足孩子的需要，但很多妈妈却常常不知道孩子的心里在想什么，不明白孩子需要怎样的爱。其实，孩子更需要妈妈提供精神上的支持，而倾听孩子的心声，正是从精神和感情上关怀孩子，与孩子建立亲密关系的重要方式。

耐心地倾听孩子诉说

教育家周弘曾说过："要想和孩子沟通，就必须学会倾听。倾听是和孩子有效沟通的前提。不会或者不知道倾听，也就不知道孩子究竟在想什么，连孩子想什么都不知道，何谈沟通？"倾听是做好亲子沟通的第一步。其实，想要打开孩子的心门，探究孩子的内心世界，妈妈只要在日常生活中学会倾听孩子的心声即可。

刘女士的女儿已经上小学，每天都是女儿自己去上学。有一段时间，老师打电话跟刘女士说了女儿的情况，向她了解女儿最近总是迟到的原因。

刘女士知道后，没有打骂孩子。她问女儿："你每天早上走得都不晚，为什么最近一直迟到呢？"

女儿先是愣了愣，见妈妈没有责怪的意思，就说："这几天，我出门之后都会到河边看日出，太美了！看着看着，我就忘记了时间。"刘女士听后笑了。

第二天一早，刘女士就早早地和女儿一起出了门，两人一起去了河边看日出。看到太阳升起的壮观场景，刘女士感慨万分道："真是太美了，女儿，你发现了这么美的风景，你真棒！"这一天，有妈妈的及时提醒，女儿上学没有迟到。

放学回家后，女儿将书包放到书桌上，发现台灯下压着一张纸条，上面写着："日出确实很美，但我们更要珍惜来之不易的时间和学习的机会，对吗？爱你的妈妈！"女儿看后心里觉得暖暖的，从那以后一直遵守时间，再没有迟到现象发生。

妈妈能否走进孩子的内心世界，能否用心聆听孩子的心声，是教育成功与否的关键。孩子犯了错误，不妨先冷静下来，多一些耐心，问问孩子这么做的原因是什么。一旦将心思放在了解孩子的想法并想办法帮孩子解决问题时，也许就会发现孩子的行为其实是情有可原的，同时妈妈也会释放掉很多负面情绪，更有利于家庭教育的实施。

孩子有说话的权力，既然让孩子发表自己的意见和建议，妈妈就要认真倾听。

当孩子讲述学校发生的事情时，不要只顾着忙自己的事情，而忽视了孩子，要及时给孩子回应。

当孩子讲述自己做某件事的理由时，不要"左耳进，右耳出"，要思考孩子的理由是否情有可原。

当孩子在给你读某本书时，要认真听，不要三心二意。

认同孩子的感受

孩子虽然年龄小，但他们对一些事情也有自己的理解和感受，妈妈要给予孩子尊重和理解，要站在孩子的立场去认同他们的感受，不要因为他们年龄小就忽视了这一点。

我女儿还小的时候，每天我下班一进家，她都会跟在我后面不停地抱怨。我不明白，女儿怎么会有那么多令她不满意的事：今天站队的时候老师没让她站第一；中午吃饭，她说话声音太大，老师批评了她；从幼儿园回来，奶奶不让她看动画片；琪琪的妈妈不让琪琪来我们家玩……但是不管我上班的时候遇到了多少困扰，我每次都会耐心地听完女儿的话，对她安慰一番，然后说："这些事我都知道了，你想让我怎么帮助你呢？"结果，大多情况下，女儿都不再说话，转身自己玩去了。

在跟孩子沟通的时候，我的法宝就是倾听，站在孩子的立场理解并认同孩子的感受。当我们耐心地听完孩子的抱怨后，哪怕我们没能及时提供帮助，孩子的心情也能好起来。因为很多时候，孩子的抱怨只是一种情绪的发泄，他们渴望得到别人的关注和理解。

不论孩子抱怨什么，不管孩子为什么抱怨，我们只要坐下来，安静且认真地倾听，孩子就会感到很满足。即使孩子说话的时候很生气或用了你觉得不对的方式，也不要打扰或反驳，只需适时地表达你在认真听,"哦,是这样啊!""这让你很生气,是吗?"孩子在向我们抱怨的时候,他们的坏情绪就得到了发泄,心里释然了,问题也就解决了。

在现实中,多数妈妈都无法做到认同孩子的感受,因为我们和孩子站的立场不一样,看问题的角度不一样,感受自然也就不一样。如果妈妈习惯于从自己的立场和角度来看问题、谈感受,就容易忽略孩子的感受。

当孩子对着你抱怨的时候,不妨站在孩子的立场想想,问问自己"遇到这样的问题,我会如何做?"

孩子跟同学之间发生了矛盾,向你倾诉他感到不舒服的时候,你可以对孩子说"我也是这样认为的"。

孩子获得某个奖项,要同孩子一起分享快乐,告诉孩子"我也很高兴"。

4
激励：让孩子变得更优秀

要想引导孩子将潜能发挥出来，就要多给孩子鼓励。在成长的道路上，孩子会遇到许多新事物，为了让孩子扩大知识面，妈妈要鼓励他们主动探索。因为只有通过不断的探索，孩子的潜能才能被激发出来，从而获得生活体验和成功体验。

蔡女士的儿子上小学，平常比较有主见，喜欢尝试新事物。一天蔡女士去接儿子放学，由于下午连着下了两个小时的大雨，蔡女士来时走的那条路泥泞不堪，而另一条不常走的路则比较干净。

当蔡女士与儿子经过两条路的分叉路口时，儿子却想要走那条泥泞的道路。

儿子要迈步走过去，蔡女士拦住他说："儿子，我们今天不走那条路！"

"为什么？"儿子问。

"我来的时候就是从那条小路走过来的，刚下过雨很难走。"蔡女士说。

"既然你能从那条路上走过来，那我为什么就不能走呢？"儿子有些纳闷。

"我不希望你走弯路。"蔡女士严肃地说。

"我不怕，我要试试！"儿子的语气很坚定。

蔡女士看着儿子，叹了一口气说："你这孩子脾气真倔，那条路真的泥泞不堪，很难走，你要小心啊！"

但儿子却兴致勃勃地上路了。走了不远，儿子发现妈妈果然没有骗他，那条路正在维修，下午下过雨后坑坑洼洼的。有好几次，儿子似乎都想往回走，但他依然坚持着，终于走完了那条小路。

为了孩子的健康成长，妈妈最好不要给孩子传授自己现成的经验，因为很多事情都需要孩子自己去探索和感悟。鼓励孩子亲自去探索，允许孩子去体验，有了自己的感受之后，孩子才能更好地成长起来。

古希腊有个名叫皮格马利翁的国王，他特别喜欢雕塑，他花费了几年的时间，塑成了一尊少女像。对于自己的这个作品，国王非常喜爱，他让佣人将塑像摆放在自己的休息室。他经常一个人静静地欣赏这尊少女塑像，甚至还想象它能变成真人，变成一个实实在在的少女。上天被国王的真情所感动，将少女变成了一个有血有肉的真人，皮格马利翁的梦想成了真。

这就是心理学上著名的皮格马利翁效应，它告诉我们：他人的评价和暗示会引导某人朝着他人所期待的方向发展。同样，这一效应也适用于教育中，因为良性的心理暗示能够引导孩子朝妈妈所期望的方向发展。妈妈不鼓励孩子的探索行为，反而一味限制孩子的各种活动，这也不许做，那也不能动，看起来是在教孩子守规矩，其实只会阻碍孩子自主性的发展，进而使他变得羞怯、疑虑、失去自信。

运用多种激励方法，促进孩子成长

对孩子的赏识教育也是一门艺术。赏识的形式、时机、内容、分寸把握等，妈妈都需要好好琢磨。要想激励孩子成长，日常生活中就要使用多种多样的激励方法。

在女儿的成长过程中，我运用过很多种赏识方法。其中赏识语言是不可或缺的，当女儿取得进步或者有了小成就的时候，我会及时地送上赞美之辞："我女儿简直太厉害了！你一定付出了不少努力。""你进步非常快，再接再厉，不要骄傲！"有时我还会情不自禁地给她一个热烈的拥抱或者一个亲吻。

除了精神层面的赏识，我还会运用一些物质和娱乐方面的奖励刺激。比如，女儿取得了一些小进步、小成就时，我会及时地给她买一些文具、图书、玩具或零食作为奖励；有时候还奖励带她外出游玩，去游乐场、看展览或短途旅游。女儿在我的激励下，进步很快，成绩一直都很优秀。

奥地利著名心理学家阿德勒曾说："人都是追求优越的，人的天性是要战胜自卑，超越别人。"适当、有效的激励可以促使孩子不断进步。孩子每一个微小的成功都能带给他无限的信心与动力，使他不断进步，从而变得更加优秀。

妈妈在生活中多多使用多种激励方法，可以增长孩子的自信心，使他们做事更加积极。另外，随着孩子年龄的增长，妈妈要不断调整激励的方式和方法。因为随着孩子年龄的增长，他的自觉性、主动性越来越强，妈妈重复而简单直接的激励方法对他们来说就不太敏感了，所以妈妈要灵活改变激励的方式、方法。

适时恰当的激励能让孩子脱胎换骨

我有一个朋友，他们一家三口定居在美国。前几天她在微信上跟我聊天，说自己的儿子越来越优秀了。在我的记忆中，她家这个男孩一直都是学习成绩中下等，性格也不太好，似乎并没有什么比较突出的优点，在他中学还没毕业时，就被爸爸妈妈带去了美国。

在我的印象中，朋友的儿子一直是一个普普通通的孩子，没有比较拿得出手的爱好和特长，没有稍胜同龄人的性格和优点……但是朋友却在微信上兴奋地告诉我，她的儿子在美国是如何一步一步被老师肯定，不断进步，直到现在被评为小艺术家的，这真是让我感到讶异。

"我家孩子的老师总是想办法寻找孩子的优点，帮助孩子建立自信。我儿子的文化课、体育课和音乐课都很一般，这可难坏了老师。结果有一天，儿子闲来无事，就随手画起了画，老师看见了，立刻对他的绘画大加赞扬，还帮他做了修改，后来又帮他把这幅画推荐给了当地的一家报社。我儿子此后仿佛受到了极大的鼓励，更加用心地画画了，水平突飞猛进，还被当地报社评为'小艺术家'……"

听着朋友滔滔不绝的话语，我不禁感叹，美国教育的优势或许就在于这种正向效应的不断显现，让这个曾经在我眼里并不优秀的男孩变得越来越优秀，简直就像换了个人。

由此看来，不同的教育观念和教育方式，会得出完全不同的教育效果。在平时对孩子的教育过程中,只要妈妈善于发现孩子的优点,适时鼓励并表扬他,给孩子以信心,孩子就会更加愿意去尝试更多的挑战。即使最初是资质平庸的孩子,经常给予适当的激励,也会慢慢变得优秀。

5
放手：鼓励孩子与同龄人相处

每个人都有自己的社交圈，大人有大人的，孩子有孩子的。总是让孩子跟着大人而脱离了同龄人，不仅不利于孩子们之间良好关系的形成，还会影响孩子养成正确的交友观。因此，妈妈如果想让自己的孩子学会与他人交往、建立友谊，就要鼓励他们经常与同龄人相处。

在我的邮箱里，曾有这样一封来信：

"我们家的经济条件不错，凡是其他孩子有的，我儿子也都有，吃的、穿的、用的……可以说，只要是我们能够想到的、做到的，都能满足孩子。可是已经九岁的儿子，还是整天一副闷闷不乐的样子，脸上很难得见到露出笑容。周末我们带他去游乐园，坐过山车，玩的时候他其实也很高兴，但玩过了之后，他又恢复了沉默寡言的样子。他在家里不怎么跟我们说话，在学校里也不太和同学交流，好像对什么都无所谓……我知道，开朗的性格对孩子的成长很重要，可我眼看着儿子总是不快乐，心里面也很着急，该怎么培养他开朗的个性呢？"

为什么给孩子提供的条件都很好，生活中什么都不缺，但孩子却始终不快乐？这一类孩子的问题主要出在哪里？或许问题就在于孩子生活在一个孤独、封闭的生活环境。

如果大人平时工作太忙，孩子只能由爷爷奶奶照看。而大多数老人疼爱孙子，会将孩子当作小皇帝一样供着，不管孩子想什么、要什么，他们都尽量满足，即使是天上的月亮，也恨不得能为孩子摘下来。孩子的物质生活确实很满足了，但祖孙之间的年龄差距太大，老人与孩子之间很难产生情感上的共鸣。还有些老人因为身体原因或者担心孩子被伙伴欺负，就一直让孩子待在家里，很少外出走动。孩子没有适龄的朋友，只能守着上了年纪的爷爷奶奶，无人说话，无人游戏，体验不到交流的乐趣，自然就会整天闷闷不乐。

缺少适龄玩伴，孩子就会变得孤僻、不合群。只有懂得跟同龄人交往，孩子才能得到更多的感情交流和快乐。心理学家研究发现，多跟同龄人交往，孩子能更容易形成健康、快乐的性格。孩子如果总被抛弃、被拒绝于集体之外，就会产生孤独感，感情会受到压抑。久而久之，他们就会封闭自己的内心，不再愿意与别人交流，这样对他的身心发展极为不利。

因此，为了孩子的身心健康成长，妈妈要鼓励孩子多跟同龄人交往。

教给孩子基本的交往方法

孩子之间的交往，也需要遵守一定的规则，比如：礼貌、谦让、宽容等。因此，要想让孩子找到更多与自己玩得来的伙伴，让孩子之间和谐相处，妈妈就要将基本的人际交往方法教给孩子。

乔治·华盛顿大学的心理学家莱金·菲利普斯认为，许多人之所以无法与他人正常交往，是因为他们在儿童时期没有学会基本的人际交往技能，不能以正常的方式和别人交往。

小可今年八岁，他刚上小学一年级，由于某种原因，他比同龄人入学晚了不少。入学后，小可没有交到要好的朋友，就连他的同桌小强也不愿意理他，还经常欺负他。

小可把这些情况告诉妈妈，妈妈问他："小强为什么不愿意理你？"

"他说我很笨，入学那么晚，还让其他同学不要理我。"小可不高兴地说道。

"那你就好好学习，考个好成绩，用成绩证明你的优秀，他们就不会不理你了。"妈妈说。

小可听了妈妈的话，开始用心地学习，成绩进步得很快，同学们都感到很吃惊。渐渐地，同学们都不说他笨了，也有不少同学愿意和他交朋友了。

可是，小强还是经常欺负他。小可很难过，回家告诉了妈妈。

"小强是个怎样的孩子？你能和我说说吗？"妈妈说。

"他学习不好，总在学校捣乱，上课也不好好听讲，老师让他回答问题，他什么都不会。"小可说道。

"噢，那你有没有想过帮小强？"妈妈问。

"我为什么要帮他？他总是欺负我！"小可不解地说。

"要想让他不欺负你，最好的办法就是把他变成你的朋友，你觉得呢？"

小可想了一会儿，对妈妈说："那好吧，我知道了。"

"好，相信你们会成为好朋友的！"妈妈高兴地说。

后来，小可果然主动帮助小强了。开始的时候，小强还有点迟疑，但看到小可是真心实意地想帮助自己，便欣然接受了。过了一段时间，小强的学习成绩有了很大的进步，他和小可最终也成了好朋友。

人与人之间的交往并不是无迹可循的，而是有一定的方法和技巧。只有掌握正确的方法，才能在社交中得心应手，结交到更多的好友。明智的妈妈都会将正确的交友方法告诉孩子：

不要当着第三人的面，说其他人的坏话。

不要总是贬低他人，要懂得赞美和夸奖。

不要抢别人的东西，可以跟伙伴互换玩具。

不要推搡、欺负他人，要谦让年龄小的孩子。

懂得分享与合作，不要孤立而为。

遵守规则和秩序，不能毫无章法。

给孩子创造与同龄人交往的机会

对于孩子来说，与同龄人之间的交往，依然是个难题。如果家里只有一个孩子，妈妈要尽可能多为孩子创造与同龄人交往的机会，比如邀请同龄孩子来家里玩。

朋友的女儿凡茜是个独生女，刚上小学一年级，是个性格内向的孩子，平时除了上学，大部分时间都一个人在家里玩。为此，朋友特意向我请教如何改善孩子内向的性格，我想了一个办法，决定帮凡茜创造一个与人交往的机会。

周六，我带着女儿去朋友家里做客。在这之前我已经给她们打了电话，凡茜也知道我们今天要去她家做客，朋友还鼓励她好好招待我们。

听朋友说，最初的时候，凡茜担心地说："妈妈，我害怕自己做不好。"朋友鼓励她："我相信你，宝贝！阿姨还会带一个妹妹来，妈妈相信你能招待好她，而且你们一定会成为好朋友的。"

一个小时后，我们母女俩来到朋友家。凡茜虽然有些不好意思，但还是主动为我们倒水，拿水果。我笑着夸她："凡茜真是个懂事的孩子！"然后凡茜带着我女儿去她的小房间，一起玩起了游戏。

临走的时候，我女儿和凡茜都表示玩得很开心，两人甚至还约好了下次再一起玩的时间。

后来我们两家也经常周末一起聚会，让两个孩子有机会一起玩耍。渐渐地，凡茜变得越来越开朗了，也喜欢和小朋友一起玩了，如今她在她们班里的人缘更是好得不得了。

邀请同龄孩子来家里玩，让孩子充当"小主人"招待客人，不仅可以锻炼孩子的交往能力，还能锻炼孩子待人接物的能力。因此，作为妈妈，我们要尽可能地为孩子打开生活空间，给孩子创造与同龄人交往的机会。比如：接孩子放学的时候，可以让孩子和同学在学校一起玩一会儿；和好友聚餐的时候，双方可以带上自己的孩子，让他们一起玩耍；假期时可以给孩子报个夏令营，让孩子多跟同龄人接触；让孩子们一起写作业，一起玩；孩子们之间出现了问题，鼓励他们自己解决。

第 3 章

好妈妈要以身作则

1
善控情绪：好妈妈懂得控制情绪

在生活中，每个人都有出现不良情绪的时候，比如：工作不顺利，心情不好；被人误解，感到郁闷；受了委屈，感到难过……一个好妈妈不会将自己在外的不良情绪带回家，更不会把情绪转嫁到孩子身上。

周女士今年四十岁，是一家公司的经理，平时工作压力大，真正交心的朋友也很少，所以她心里常有一种难以言状的苦闷与忧郁感，总是感到前途渺茫，事事都不顺心。

由于工作忙，压力大，周女士几乎每天都很晚才回家，也鲜有时间陪孩子玩。丈夫理解她的难处，总是想方设法讨她欢心，为她做饭、陪她听音乐、给她讲幽默笑话……但收效甚微。更糟糕的是，周女士发现她十一岁的女儿好像也总是愁眉苦脸的：不爱说话，成绩虽好却很自卑，总认为自己的缺点太多，对自己的长相也不满意……

显然，周女士是被抑郁"缠上了"，连丈夫和孩子也受到了不小的影响。可见，对于一个妈妈来说，若在家里愁眉苦脸，无异于是在家里埋下了一枚"愁苦炸弹"，让家人和孩子一同深陷其中。

抑郁具有一定的传染性，尤其会影响与自己生活在同一个屋檐下的孩子。妈妈若总是忧心忡忡，孩子自然也会受到这种氛围的影响，变得抑郁起来。

家应当是一个温馨的港湾，是一个让每个家庭成员都能好好休息、放松的场所，而不是你发泄负面情绪的地方。妈妈不要因为工作或其他生活上的事情，把不良情绪带回家里，不要故意制造紧张气氛，把孩子搞得和自己一样不开心。要知道，当你以坏情绪面对孩子的时候，孩子也会以同样的方式回应你或远离你，这对于家庭和谐来说是极为不利的。

好妈妈，没脾气

一次周末，我陪女儿去学钢琴，在公交车上我们看到了这样的一幕：

公交车停靠站台后，一位年轻的妈妈带着一个小男孩，慌慌张张地上车，坐下。可能是小男孩起床晚了，也可能是孩子太磨蹭了，妈妈一上车，就开始对孩子数落起来："累死了，起那么晚，下次再这样，你非得迟到不可。"而小男孩一直在旁边低着头不吭声。

由于临近小区，人多，道路又窄，司机突然一个急刹车那位年轻的妈妈差点碰到前面座位的扶手，似乎她的心情更差了。旁边的小男孩跟她说想喝水，然而这位妈妈想都没想，就说："事儿真多，刚出家门就渴了，在家的时候你干吗了？"年轻妈妈生气地从书包里拿出水杯递给小男孩，孩子却赌气不肯接。年轻妈妈冲着孩子大喊大叫，孩子噘着嘴，不理会。

在家庭中，孩子会不自觉地体察到家人尤其是妈妈的情绪，并很容易受到影响，和妈妈一起感受快乐或悲伤。会教育孩子的好妈妈，一般都善于控制自己的脾气和情绪，不让孩子被不良情绪感染，而形成懦弱、自卑的个性，抑或暴躁的脾气。

作为成年人，我们比孩子的自制力要强很多。妈妈们要经常提醒自己控制好情绪，做一个不生气的妈妈，让自己在孩子眼里是个快乐的妈妈，这样孩子才能在和谐、快乐的氛围里健康成长。

建立一个充满活力的家庭

对于长期生活在一起的一家人来说，家人的各种情绪是会相互感染的。要想培养孩子有一个积极向上的心态，最好的方法就是一家人都活跃起来，通过整个家庭的气氛来带动孩子，让孩子感受到家庭的活力。

多年前，我每天早上都要搭乘公交车去上班，出小区的时候总能看到老冯带着他的儿子晨练回来。据说，从儿子上小学开始父子俩就进行晨练了，父子俩已经养成了晨练的习惯，如今孩子已经上高三了，依旧风雨无阻。

我问老冯这样累不累，他很简单地说了句："跟孩子一起就不累，我想通过这种方式来让孩子每天都精神抖擞，感受生命的活力。"从那之后，我经常有意无意地观察这一家人，发现从来不曾见过老冯有意志消沉的时候，而且每次一家人看上去都是神采奕奕的，焕发着朝气与活力。

看到这样不同寻常的一家人之后，我根据他们的方法也设计了一个计划，让我们也成为"精神抖擞"的一家人。

为了实现这个计划，我特意在家门口放了一块明亮的试衣镜，每天早上出门的时候，我们都会对着镜子仔细地整理好衣装，并且对自己说一句鼓励的话，比如："又是崭新的一天，又是一个好心情。"回来的时候也会对着镜子说："今天工作很棒，明天继续加油！"

一开始，我们认为这种方法有些做作，但一个星期后，这种积极的自我暗示却让我们一家三口都尝到了甜头。大家每天都很开心，活力满满。原来每天说一句鼓励自己的话会让整个人都觉得心情舒畅、精神焕发，而女儿也在这种气氛的感染下，变得更加开朗。

2
个性坚强：妈妈坚强才能培养出优秀的孩子

出于对孩子的爱，很多妈妈都会替孩子扫清成长过程中的所有障碍，替他解决所有困难，她们就像"守护神"一样，一次又一次地守护孩子躲过"危难"。这样看起来是在帮助孩子，其实只会让他永远都无法独自面对困难，更别提解决困难了。其实，妈妈给孩子最好的礼物，不是物质、金钱，也不是保护，而是勇气、毅力以及独立生活和解决问题的能力，具备了这些能力，他们才能学会坚强、笑对挫折，活出自己的精彩人生。

王霞在一家房地产公司做销售，每天都会同形形色色的客户打交道，她常常感到身心俱疲。可是，她从来都没有想过要放弃。虽然这个行业不好做，有时候还会遇到客户的刁难,可是她都咬牙坚持了下来。

有一段时间，王霞遇到了一个比较不讲理的客户，导致她几乎天天加班。王霞感到很委屈，可是不管再难再累，只要一回到家，她就提醒自己要保持一个好的状态，不让家人担心，也为孩子树立一个好榜样。每天到家后，她会先洗个热水澡，让自己放松，再去陪儿子聊聊天，了解他当天的状况，偶尔她也会跟儿子谈谈自己的工作和其他事情，拓宽他的知识面，增长他的见识。

在王霞的影响下，儿子的性格一点都不娇气，每次遇到困难的时候，他都能坚强面对。儿子也理解妈妈的工作不容易，会经常遇到各种困难,于是,他会主动找妈妈聊天,给妈妈讲一些有趣的事,母子俩相处得非常融洽。

我相信,在王霞的影响下,孩子将来必然会成长为一个个性坚强的人。

在现实中,有些孩子经受不了一点儿挫折和磨难,一遇到问题就只会向大人求助,不仅不会解决问题,而且没有坚强的个性,如此对他们未来的发展非常不利。因为只有意志坚强的人,在面对社会、工作和学习所带来的压力时,才能够从容不迫、处之泰然。因此,妈妈应当重视对孩子意志力的培养。

坚强妈妈养育优秀孩子

梁启超的二夫人名叫王桂荃,她自小没有读过书,但深知读书的重要性。梁启超在世时经常教她读书认字,她都刻苦学习,慢慢习得了很多知识。后来随梁启超去日本之后,她还学会了日语。

王桂荃是一个聪慧、勤快、坚强的人,辛苦操持一个大家庭的吃穿。为了让孩子们能像他们的父亲一样优秀,她一直尽自己最大的能力让每个孩子都能读书。她对孩子们说:"成龙上天,成蛇钻草,你们看哪样好?不怕笨,就怕懒。看你爹很有学问,还不停地读书。"在家中经济状况极度困难的时候,她依然努力为小儿子争取赴美留学的机会。她坚强地面对生活的苦难,从不抱怨,她的坚韧和勤奋也潜移默化地影响了她的孩子们。他们长大成人之后都很争气,其中有三位当选了中国院士。

坚强的妈妈才能教会孩子坚强勇敢。妈妈的言谈举止、性格、素养都会对孩子产生潜移默化的影响。妈妈面对挫折和困难时能够从容面对、不急不躁，孩子就会养成坚韧不拔的个性。

我们能守护孩子一时，却无法守护孩子一世，既然如此，我们就要尽早引导和鼓励孩子勇敢地面对人生的各种挫折和困难，告诉他们："风雨过后是彩虹！人生不可能一路平坦，只有坚强、勇敢的人才能战胜挫折，立于不败之地。"

把意志力教育融入生活

孩子的意志力不是天生就有的，需要妈妈对孩子进行这方面的引导和教育。妈妈可以利用身边的事情来培养孩子的意志力，即使需要花很长时间和精力才能完成，也要让孩子坚持下去，因为这是磨练孩子意志力最好的方法。

小同的爸爸去世后，只剩下他和妈妈相依为命，家中的重担一下子落在了妈妈一个人身上。加上爸爸生前还有一笔债务没有还，这给娘俩本来就不宽裕的生活带来了更大的负担。但是自从给爸爸料理完后事，妈妈就再没哭过。为了撑起这个家，给儿子树立榜样，她打起了十二分的精神，每天早出晚归，辛苦打工赚钱，从来不叫苦、不叫累。

小同原本是个调皮捣蛋的孩子，贪玩，不爱学习。爸爸去世后，妈妈又忙于工作，更没时间管教他。小同慢慢地开始逃学、打架……看到儿子变成这样，小同妈妈多次教育他，小同却对妈妈说："你这样辛苦打工又怎么样？我们家不会好了，欠那么多债什么时候能还清？"小同妈妈听了虽然很心痛，但并没有打骂儿子。她语重心长地对儿子说："你年纪还小，每天这样玩，将来能有什么出息？我们现在虽然生活困难，但是至少我没有放弃。我不仅要辛苦赚钱还债，还要支撑这个家，我都不怕，你怕什么？你只要好好学习就可以换来一个更好的未来。如果你连这点付出都不愿意，遇到一点困难就退缩，等你长大成人之后，你就要比别人付出更多的辛苦。与其自暴自弃，不如打起精神，学着坚强一点，做个有毅力的人，不管遇到什么困难，都要努力克服。只有这样，你才能拥有更好的人生。"

在妈妈的耐心开导下，小同开始慢慢改变了。他不再放纵自己，不再自暴自弃，而是像妈妈一样打起精神面对学习和生活，同时他也更加理解和体谅妈妈的辛苦，会帮助妈妈分担更多生活的重担。

在孩子成长的过程中，如果缺少意志力，做事就会经常半途而废，这就意味着放弃，意味着失败。

巴尔扎克告诉我们："苦难，对于天才是一块垫脚石，对于能干的人是一笔财富，对于弱者是一个万丈深渊。"因此，妈妈们一定要经常告诉孩子：每个人都会遇到困难，无能的人回避困难，而优秀的人会迎难而上，克服一个小困难就是一次进步，克服一个大困难就是一次胜利。只有意志坚强的人，才能不断克服困难，不断进步。

3
不断成长：人格魅力高的妈妈孩子更聪明

常言道："知子莫若母。"最了解孩子的人就是妈妈，她比任何人都清楚孩子的优点和缺点，了解孩子的需求，更会从心底深处爱孩子。试问，在这个世界上还有哪一种爱比母爱更深沉、更伟大呢？但是妈妈要记住，在以各种形式表达母爱的时候，也要注意提升自身的魅力，潜移默化地影响孩子。

我曾听过这样一个故事：

伊雷娜和艾芙是居里夫人的两个女儿。在她们幼年时期，为了让她们变得勇敢一点，居里夫人引导她们不怕黑，不让她们在打雷时将脑袋埋在枕头下。第一次世界大战爆发，到处都是战火纷飞，空气中充满了恐怖的气氛，居里夫人却鼓励两个女儿暑假到国内外旅行，并让她们给战士织毛衣。那时候，两个女孩还加入了收获队，不惜冒着生命危险去为农民抢收麦子。

居里夫人还教育两个女儿要有爱心、懂得帮助需要帮助的人。"一战"爆发后，居里夫人征求孩子的意见，问她们是否同意将保障她们生活的财产捐给国家，女儿们欣然同意。随后，她们又加入战地救护的队伍。居里夫人用自己的专业知识，亲自创设并指导装备了20辆X光汽车和200个X射线室。没有司机的时候，她就自己开车到外面营救伤员，遇到故障，她就下车自己动手修理。

居里夫人如此意志坚强、态度乐观，女儿们从她的身上感受到了生命的热忱，耳濡目染中，也逐渐成长为像她一样的人。

做妈妈是一门艺术，只有将自己的优点发挥出来，孩子才能照着妈妈的样子变得更好。人格魅力极佳的妈妈，会在教育实践中扬长避短，教育出优秀的孩子。妈妈要用自身的优秀品质去影响孩子，把自己的独特魅力传达给孩子，用积极乐观的态度给孩子创造一个温暖的成长环境，把正确的人生观、价值观传递给孩子。

树立终生学习的观念

妈妈教育孩子时，要采取最适合的方法，才能将孩子教育好。对于养孩子的方法，很多妈妈最初都毫无经验，若不加以学习研究，就不容易培养出优秀的孩子。没有人天生会做妈妈，但只要肯学习，善于终生学习，就能将孩子教育好。

在这里给大家分享一个我从报纸上看到的故事：

出生于20世纪70年代的周女士，从中学毕业后就到附近的服装厂当了工人。由于年龄小、学历低，在工作中，周女士吃了很多苦，遭受了很多白眼，收入仍然不高。看到在办公室工作的年轻女孩，周女士觉得自己跟她们也差不了几岁，决定努力学习，改变自己的命运。于是，她开始在工作之余自学，每个月的工资除了生活开销基本上她都用来买了书，她一点点地充实自己，整个人也发生了很大的变化。20岁的时候，她就当上了车间主任，之后，她与一位男同事结婚生了孩子。

为了让自己的家庭更幸福，周女士的书架上又多出了关于婚姻、女性、育儿等内容的书，同时她意识到作为妈妈对孩子的巨大影响，于是便树立了终生学习的意识，决定给孩子最好的家庭教育。只要一有时间，她就会带着孩子一起看书、听广播。在她的影响下，孩子也特别爱学习，知识储备远远超过同龄人。

在孩子上小学之后，为了给自己增加筹码，周女士报考了自考中文专业，每天晚上都坚持学习。孩子上了初中后，中文系本科毕业的她，又报考了中文系的研究生。孩子上高中后，她又开始学习法学……孩子受到她的感染，也非常热爱学习，成绩一直都名列前茅。

热爱学习的妈妈以自身的言行给孩子以耳濡目染、潜移默化的影响，赢得了孩子的信赖与尊敬，成为孩子学习的榜样。

生活中的我们，都面临多重角色的压力，如何处理亲子关系、夫妻关系、家庭关系、同事关系等，如何让孩子爱上学习，需要妈妈不断思考和摸索方法。妈妈如果能树立终生学习的观念，不断提升自己，孩子也会受到妈妈的影响，从而严格要求自己，督促自己学习。

不断提升自身修养

好妈妈都是善于学习，不断成长的，如果想让自己更优秀，就要努力完善自己，不断提升个人修养。

虽然王女士一直对女儿严格要求，但女儿依然学会了说脏话。有一次，女儿问她"滚蛋"是什么意思。王女士问她从哪里听来的，女儿告诉她是听小朋友说的。王女士面色严肃起来："这是不礼貌的骂人话,别人听了会很难过的,以后不能再说了。"之后,女儿没再提这茬。

还有一次,女儿看动画片《熊出没》,笑得前仰后合,王女士问她看到什么了。女儿回答:"光头强被熊大、熊二打得落花流水,真是太搞笑了!"王女士心想:连打架也觉得很好笑,此类动画片是不能看了。

王女士常常问自己:"自己可以教给女儿什么?"古人说"教子要有义方",也就是连女儿都会背的那句《三字经》里的话:"窦燕山,有义方;教五子,名俱扬。"王女士觉得,所谓"义方"就是正确的人生观、价值观,只有妈妈先做到了,才能教好孩子。所以,教育子女的前提是先修炼自己。

为了给孩子树立好榜样,王女士与孩子一起制定了一些规矩:说话态度要平和,不能说谎话,要遵守诺言,不能发脾气、吵架、打人,不能乱扔垃圾,用完的物品要归位,不能站没站相、坐没坐相,要经常使用"谢谢""对不起"等礼貌用语。如果没有遵守规矩就要接受惩罚,并制定了一些惩罚措施。

王女士时刻提醒自己要遵守规矩,慢慢地,她发现自己确实有了一些改变,待人更加温和,也能够更好地控制自己的情绪了。受王女士的影响,她的女儿也变得越来越懂事,待人接物都很有礼貌,人缘也特别好。

妈妈不断学习,努力提升自己,让自己获得进步。这些都会被孩子看在眼里,记在心里。孩子就像妈妈的一面镜子,妈妈是一个有修养的人,映照在孩子身上,孩子也会成为一个有修养的人。

4
充满激情：做个热爱生活的好妈妈

对生活充满激情、热爱生活的人，更容易体会到生活的幸福。生活就像一面镜子，我们对生活微笑，生活也会对我们微笑。妈妈热爱生活，才能创造和谐的家庭氛围，为家人和孩子带来幸福，传递给孩子对美好生活的信念！

曾经有一段时间，我女儿喜欢上了《小木屋》系列的图书。她特别羡慕女主人公罗兰跟大人经历的迁移生活：童话般的小木屋，可爱的动物，天然的美食，多彩的鲜花、朝阳和晚霞，少男少女……而作为大人，我和孩子的视角不同，我倒特别喜欢热爱生活的大人。

他们一家四口生活在19世纪的美国，一直四处迁移、艰苦开拓。但无论环境多么恶劣，大人们总能给孩子们创造一个温馨而充满希望的家庭氛围。无论是在绿树丛生的大森林，还是在孤寂的行程中，抑或是在危险重重的大草原上，只要能停下来，只要是休憩的时间，爸爸都会拉起悠扬的小提琴，给孩子们带去快乐；只要有水，妈妈就会将餐具擦洗得干干净净，就会有整洁的桌布和洁净的衣裙；只要能生火做饭，妈妈就会想尽办法为家人准备一顿可口的饭菜；只要有一间小屋，即使是一间土洞，妈妈也会用鲜花来装点……在现实中，热爱生活的大人养育出了著名的女作家——罗兰·英格斯·怀德。

细品罗兰的故事，不难发现她们一家人都特别热爱生活。她们虽然居无定所、生活拮据，过着拓荒式的生活，但他们却发自内心地对家人、对一切充满良善，有足够面对生活困境的勇气，有乐观的精神，有平和豁达的心态。他们把颠沛流离的日子过成了诗。

热爱生活就不要放弃自我成长

有一阵，我的微信朋友圈中，曾出现过一篇不断被转发的学生作文：

"我妈不上班，平时就喜欢打牌和看脑残的电视剧，一边看还一边骂，有时候她也跟着哭。她什么事都做不好，做的饭超级难吃，家里乱七八糟的，到处都不干净。

"她明明什么都做不好，一大到晚光知道玩儿，还天天叫累，说她做的一切都是为了我，快把她累死了。和我一起玩的同学，小青的妈妈会开车，她不会；小林的妈妈会陪着小林一起打乒乓球，她不会；小宇的妈妈会画画；瑶瑶的妈妈做的衣服可好看了。我都羡慕死了，可是她什么都不会。

"我觉得，我的妈妈简直就是个没用的中年妇女……"

在孩子眼中，妈妈竟然是这样的形象，真是让人大惊失色。孩子为什么会对妈妈做出这种评价呢？原因就是这位妈妈不热爱生活，放弃了自我成长。这样没有人生追求的妈妈，一不小心就会活成孩子眼中"没用的中年妇女"。如果妈妈整天无所事事，没有自己的追求，在孩子眼里，就成了拒绝成长的妈妈，容易对孩子产生不良影响。

杜女士特别爱打麻将，她不仅自己去玩，有时甚至还带着孩子一起去。当她忙着打麻将的时候，孩子就自己在一旁玩手机。孩子的学习成绩不好，她就来咨询我："老师，孩子学习成绩不好，也不爱看书，总想着玩游戏，我们应该怎么管？"我反问她："那您对孩子的学习付出了多少？"她顿时哑口无言。

杜女士只顾自己消遣、娱乐，忽视家庭，导致孩子沉迷手机游戏，耽误了学习。很多时候，孩子的行为结果直接反映了家庭教育的效果。其实妈妈养育孩子的过程，也是自我学习和成长的过程。妈妈只有努力学习，提升自己，使自己储备更丰富的知识，才能更好地去养育孩子，给孩子更好的指导和帮助，做好孩子的引路人。

实施"爱的教育"，向孩子传递幸福

家人之间相亲相爱，有助于孩子的情感教育。在家里，大人们大可以放心地在孩子面前"秀恩爱"，对孩子来说，这也相当于"爱的教育"。习惯了大人间的亲密和关爱，孩子会和他人相处得更加融洽，更会感到快乐和幸福。通过观察妈妈，年幼的孩子就能明白"爱"的含义，获得爱与被爱的能力。相反，孩子如果在年幼时感情上没有得到丰富的爱，长大后会受到很多社交问题的困扰。

苏菲是我的好朋友，她的老公路易斯是法国人。在他们的家庭里，互相拥抱就是家常便饭。苏菲很爱儿子，也很爱老公。苏菲和老公拥抱的时候，一般都不会背着孩子，因为她觉得只要不是过分亲密的行为都可以让儿子看到，让孩子知道父母很相爱。

有时，为了引起儿子的注意，苏菲会跟老公故意拥抱，甚至还

会大声说："亲爱的，抱我一下！"然后，两人拥抱在一起，再偷偷看儿子。每当这时，儿子就会大叫一声，放下自己的玩具，飞快地跑到他们身边，把他们分开，先让妈妈抱一下，再让爸爸抱一下，然后才心满意足地去继续自己的事情。

苏菲认为，拥抱不仅是一种礼仪，更能传达人与人之间的爱，包括爱情、亲情、友情，能让孩子从小就理解什么是"爱"，这很正常。如果大人们在孩子面前过于拘谨，说不定孩子还会怀疑，难道是爸爸妈妈的感情出了问题？其实，让孩子看到大人表达爱的行为，可以增加孩子的幸福感。

看到这里，可能很多家长会担心：孩子真的能理解大人之间的感情吗？孩子那么小就接触拥抱、亲吻，会不会学坏？其实，孩子越小，感情越单纯，反而越能自然地接受大人之间的亲密行为，并不会感到好奇和不理解。孩子的心灵是纯净的，他们会认为大人之间的亲密举动只不过是生活中的正常现象，没什么与众不同。

第 4 章

好妈妈教育避免四大误区

误区一
全力满足孩子物质需求

在很多妈妈眼中,孩子是自己的掌中宝,必须将自己全部的爱都给孩子。不可否认,我们确实要给孩子足够的爱,可是真正的爱,并不是只满足孩子的物质需求就可以了,还要多关注孩子的心理,陪伴孩子,适时规范孩子的行为。我曾经看过这样一则故事:

一个妈妈很喜欢玩游戏,每天下班回到家,就捧着手机放不下来,到了周末更是如此。

一天下午,儿子背着书包走回家,一进门,就将脏衣服脱下来,扔进了洗衣机。他想找件干净的衣服换上,可是一件都没有,他去翻了一下洗衣机,发现里面全都是自己的脏衣服。儿子找到正在玩游戏的妈妈说:"妈妈,我衣服都脏了,快洗洗,否则我明天没衣服穿了。"妈妈头也没抬地说:"反正都不太脏,你拿出来穿就行。"儿子感到很无奈,因为妈妈已经不是第一次这样说了。

儿子换了家居服,进屋写作业。晚上八点,儿子感觉肚子饿了,出来找吃的。结果,厨房里什么吃的都没有,桌上只有两袋方便面。儿子知道,每次妈妈玩游戏入迷的时候,就不做饭,娘儿俩只能吃方便面。

儿子有些生气地说:"妈妈,你能不能停一停?衣服没洗,饭没做,你只顾自己玩,根本都不管我!"妈妈正好"通关"成功,站起来说:"我怎么不管你了?我给你买衣服,给你报辅导班,只要是你的要求,我哪次没答应？"

儿子小脸气得红红的："你就知道给我买买买，可是你真的关心过我吗？你从来都不陪我玩，你只顾自己玩手机，爸爸在家的时候都不会像你这样，再忙都会陪我玩！"

这个故事让我觉得这个孩子很可怜！虽然妈妈满足了他很多的物质需求，但并没有给他太多的关心和陪伴。试想：这位妈妈如果真的关心孩子，会只顾自己玩游戏，连洗衣、做饭、陪孩子玩这样的事情都不做吗？相信绝大多数妈妈都不会这样做。

孩子的健康成长并不仅仅是靠丰富的物质生活来保障的，更多的是需要妈妈的关爱、亲情的慰藉。父母如果整天只顾着忙事业、忙游戏、忙跳舞、忙打牌，缺少与孩子的心灵对话，缺少陪孩子唱儿歌、讲故事、玩游戏的时间，除了提供物质条件，根本就不会给孩子太多的关爱，这是父母的失职。

孩子成长的每一个过程都不可能重来，许多事情，一旦错过就不可挽回。童心是一张洁净的白纸，要想在这张白纸上画出最美的图案，作为妈妈，除了用丰富的物质生活作颜料，还要用自己的爱作画笔，描绘孩子的童真、感受和理想。

---------------- 冲破误区，妈妈可以这样做 ----------------

爱孩子，要重视情感的表达

爱孩子，是任何一个妈妈都能做到的。可是，我们在爱孩子的同时，更要将自己的爱表达出来，让孩子知道你是爱他的。即使繁重的工作让你身心俱疲，也要适时地给孩子一个微笑，让他们感受到你的爱。

由于刘先生所在的公司启动了一个新项目，所有人都很忙。刘先生也每天早出晚归，累得不像样。

一个周末傍晚，刘先生拖着疲惫的身体回到家，连续一周高强度的工作让他精疲力竭，一进家门，他就瘫坐在了沙发上，一句话都不想说，自然也忽略了不远处女儿那双密切关注他的眼睛。在吃饭之前的半个小时里，家里都是寂静无声的。

饭菜上桌后，妻子一边盛饭，一边给刘先生讲同事家中的趣事，刘先生也笑了。这时，突然传来了女儿细细的声音："爸爸终于又会笑了！爸爸没有生气！"

女儿的这句话，让他们突然警醒，尤其是刘先生。孩子之前半个小时沉默的原因，似乎也有了答案：女儿把他的疲惫理解成了生气，她认为，爸爸不说笑，就是生气了。

听了女儿的话后，刘先生感到很惭愧，立刻换了一张笑脸，对女儿说道："爸爸没有生气，爸爸很爱你，只是因为工作太累，所以不想说话。爸爸工作的时候还会经常想到你，一想到你我就感到好幸福，工作就有干劲了。"女儿听了爸爸的话，开心地笑了。

从那以后，为了表达自己对女儿的爱，刘先生和妻子不管工作多忙，不管多疲惫，回到家中，都会带着一张笑脸，都会给女儿一个大大的拥抱。

爱，是需要表达的，只有通过语言或行动表达出来，才能让孩子真正感受到，他们才会真正感到幸福。大声、勇敢地对孩子说"我爱你"，就从今天开始吧！

爱孩子，不是一味地溺爱

每个妈妈都爱自己的孩子，但我们提倡爱要有原则，而不能溺爱。任何事情都不能超限，对孩子的爱更是如此。一旦超过了爱的界限，不仅不利于孩子良好性格的养成，还会让孩子变得任性，过于自我。

小羽四岁的时候，有一段时间，她只要吃饭必看电视，不让看电视她就不吃饭。由于担心孩子饿着，妈妈也曾妥协过，每次都对她说："妈妈今天让你看，就这一次，明天就不能看了。"每次小羽也都很认真地点头答应，可到了第二天，她照样哭闹着要看电视。

妈妈一度无计可施，一次偶然的机会，她从一本育儿书上学到了跟孩子定协议的方法。于是她认真地跟小羽商量着定了一份"吃饭时不看电视"的协议，如果小羽能在一周内严格遵守协议，妈妈就会奖励她，周末带她去游乐场；但如果小羽不遵守协议，只要违反一次约定，妈妈不会再让她看电视，周末也不会带她出去玩。

刚开始的一周，小羽还是不能遵守协议，吃饭的时候依然吵着要看电视，但妈妈忍住了没有妥协，即使是小羽拒绝吃饭，也不会开电视。僵持了一周之后，小羽明白妈妈是真的不会妥协了，终于乖乖吃饭，不再看电视，周末时妈妈也履行了自己的承诺。尝到甜头的小羽，连续几周都能很好地遵守协议，终于慢慢改掉了坏习惯。

既然已经跟孩子定了规矩，就要按规矩执行，否则定规矩还有什么意义？当然，遇到这类问题的时候，妈妈也可能会采取不同的处理方法，例如："算了，只有今天，下不为例""好了，别哭了，让你看电视就是了"……但是，今天这样做了，如果明天孩子依然故伎重演，你该怎么办？结果很可能是妈妈一而再再而三地妥协，当然也就失去了最初制定规矩的意义。

孩子总会向大人提出很多无理要求，妈妈不能打着"爱"的旗号而迁就孩子。否则，孩子就会在妈妈的妥协中放任自己，甚至变本加厉。不仅如此，妈妈的妥协与放任，也容易让孩子养成做事半途而废的坏习惯。

误区二
脱离实际，揠苗助长

"望子成龙，望女成凤"是很多妈妈对孩子最殷切的希望，但是，孩子学习和成长的过程是漫长的、循序渐进的，期间难免会有困难和挫折，因此，妈妈在教育孩子的过程中，要保持一颗平常心，不要操之过急，可以不断地调整教育方法以适应孩子自身的情况。

我女儿上幼儿园时，有个关系不错的朋友叫丽莎。幼儿园毕业后，我女儿进入片区所在的一所小学，而丽莎妈妈为了让孩子接受更好的教育，将她送进了一所重点小学。结果，丽莎入学后似乎并没有如她妈妈所期望的那样优异于其他同龄人，她的成绩一直都在班级的中下游徘徊。

为了帮助丽莎提高学习成绩，丽莎妈妈没少和老师沟通，希望老师能对丽莎"多多关照"，可是老师的回答却让丽莎妈妈备感失落：在班上，丽莎是年龄最小的一个，她的理解能力和学习能力和班里其他年纪稍大的学生暂时还不一致……第二学期期末考试成绩单发下来后，丽莎妈妈打电话给我，向我抱怨女儿的学习成绩依旧，说自己狠狠批评了她……

丽莎妈妈望女成凤的心情确实可以理解，可若是为了让孩子"抢跑"而不惜冒着让孩子受伤的危险使劲推着孩子往前，无异于揠苗助长，就太不明智了。

几乎所有的妈妈都很看重孩子的学习成绩，她们认为，如果孩子在小学阶段的学习成绩不佳，以后就很难考上重点中学，离重点大学的距离也会渐行渐远，于是恨不得从孩子两三岁起就开始抓教育。甚至有些妈妈还认为，要想让孩子学习成绩提升快，就要让孩子做超过他们能力的事情。

事实上，学习是一个循序渐进的过程，应当按照孩子的心智情况判断孩子是不是拥有足够的能力去接受相关知识，因为对于其他孩子而言的"适龄"并不一定适合自己的孩子。

—————— 冲破误区，妈妈可以这样做 ——————

给孩子安排符合他年龄段的事情做

我的一个朋友喜迁新居，邀请我周末的时候到她家聚一聚，我如约而至。朋友的新房装修得很漂亮，我们一边参观，一边赞叹着。一直对书房情有独钟的我，一眼便喜欢上了她的书房。书柜中摆放着各类图书，当然最多的还是英语类的书籍，因为朋友是一名英语翻译。

我看到朋友的书房还设置了里外间，她说是为了监督女儿学习。我打开里间的推拉门，看到她女儿正趴在桌子上睡觉。我轻轻地走过去，看了眼桌上摊开的英语书——《新概念英语》！我有点傻眼，因为小女孩刚五岁！这是什么节奏？让五岁的孩子"啃"《新概念英语》？难怪孩子会睡着，我有点心疼这个孩子。

我问朋友："你让孩子学《新概念英语》？"朋友笑笑说："是啊！

虽然有点难，但现在难点，以后就容易了。"朋友继续说道："我小学时，没有练好英语口语，你知道我后来为了练习口语花费了多少时间？而我的同行中口语说得好的，都是从幼儿时期就开始学习的……"

我帮她分析道："《新概念英语》对五岁的孩子来说太难了，你想让她学英语可以先培养她对英语的兴趣。这个年龄段的孩子都爱玩儿，你可以找些英文儿歌、情景对话让她学。听磁带、读教材，这些事一个五岁的孩子哪里有能力做得到？孩子学习《新概念英语》多长时间了？"

朋友说："两个星期，虽然效果不是很好，但我想坚持下去。"

我建议道："我觉得还是循序渐进地让孩子学习好，选择读《新概念英语》对她来说太难了，只会让孩子产生惧怕心理，反倒可能使孩子丧失学习英语的兴致。可以找些适合孩子的学习方法，先培养兴趣。"

半个月后，朋友打电话给我说，她接受了我的建议，不再逼女儿学《新概念英语》，而是每天让她听英语儿歌来"磨耳朵"，并每天给她讲有意思的英语绘本，没想到的是，她女儿竟然渐渐地爱上了说英语。

是啊！我们都想将自己认为最好的给孩子，可是孩子真的能够接受吗？在给孩子安排事情的时候，一旦超过了他们的承受能力，他们要么会被困难压垮，要么就会产生抵触心理，甚至实施反抗。因此，要想让孩子健康地成长，养成爱学习的习惯，就要先从适合他们年龄段的兴趣开始培养。

打好基础，磨刀不误砍柴功

很多妈妈都知道，夯实基础对孩子的学习来说特别重要，基础是为将来更难的学习做充分的准备。在孩子的教育问题上，妈妈要做好"磨刀不误砍柴工"的心理准备，打好学习基础很重要。

我家对门住着一家三口。男孩快要上小学了，他妈妈却显得特别着急，她觉得小区里很多同龄孩子都已经背熟字母表了，而自己的孩子还什么都不会。

为了让儿子开学后能适应小学的学习，男孩妈妈在六月份就开始张罗着给儿子找家庭教师，对于此事男孩爸爸认为为时过早，等孩子去学校学习了自然就会了，甚至还阻止过妻子找家庭教师。为此，两人也争吵过很多次，最终，男孩妈妈还是被男孩爸爸说服了，决定采用他的做法，父子俩每天自己进行模拟课堂训练。

但自从男孩入学后，让所有人感到惊讶的是：虽然男孩比班里的很多孩子起步晚许多，可是他的进步却是最快的，而且，男孩已经呈现出稳步前进的态势。

无疑，男孩爸爸的做法是正确的。孩子还没有正式上小学，一定不要强迫孩子过早地学习知识，因为当他们入学后再去学习自己早已熟透、甚至已经厌恶的知识，就很容易对学习失去兴趣。

打好学习的基础很重要。当然这里的基础，并不是知识，而是学习方法和学习习惯的培养。只要养成良好的学习习惯，掌握好的学习方法，不管学什么知识，都会学得很扎实。

误区三
无条件夸奖

夸奖能令人愉悦，夸奖也能使人创造奇迹，过多的批评则会让人自责，产生负面影响。每个人都有被他人认可和承认的心理倾向，就连成年人也喜欢被别人赞美和夸奖，更别说孩子了。因此，在孩子成长的过程中，我们需要给孩子及时恰当的鼓励和夸奖。但是，如果没有对正确的"鼓励和夸奖"进行深刻的了解，只一味地运用"夸奖法"教育孩子，很可能会产生负面影响。

岳女士的女儿上小学二年级，为了让她在各方面都有很好的表现，岳女士就不断地夸奖她。在家里，即使女儿只做了一些微不足道的小事，或取得芝麻大点的成绩，岳女士都会及时地赞美一番。

甚至两人在做游戏时，岳女士也经常会故意输给女儿，还不停地给予热情的夸奖："你真棒""你真是个聪明的孩子"……什么话好听、什么话能让女儿高兴，她就说什么。当然，在岳女士的夸奖下，女儿也的确进步了不少。

但是，时间长了岳女士发现，如果女儿做了什么事情，只要她和丈夫不夸奖女儿，或者夸奖不能让女儿满意，女儿就会不高兴，甚至发脾气。令人担忧的是，习惯了被夸奖的女儿，无法接受他们的任何批评。如果她在学习或生活中做得不好，岳女士即使耐心地提醒她，她也会生气。

即使在学校,女儿也是如此。班主任告诉岳女士,她女儿做题粗心,老师点名提醒了她一下,她的反应就格外激烈,有时甚至还会哭鼻子。

俗话说:良药苦口利于病,忠言逆耳利于行。不论是夸奖还是批评,都是为了让孩子往正确的方向发展。适当的夸奖有利于孩子树立自信心,但过分地夸奖孩子,就容易让孩子对夸奖形成过分依赖,从而对批评,即使是善意的批评,也会产生抵触。

————————— 冲破误区,妈妈可以这样做 —————————

借助他人之口夸奖孩子

夸奖确实能够使孩子产生信心,获取前进的动力,但是这个效果大多时候只在短期内起作用,如果妈妈经常无节制地夸奖孩子已成为习惯,那么对孩子就起不到更好的效果。因此,妈妈要学会利用其他的方法来夸奖孩子,比如,借助他人之口来夸奖孩子。

记得我女儿四岁的时候,有一天我们俩在家里看电视,我的一位中学同学来串门。家里来了客人女儿很高兴,一会儿给我同学倒水,一会儿张罗洗水果。同学离开后,我笑着跟女儿说:"阿姨刚才夸你了,说你很懂事,还会招待人,热情又大方。"

女儿感到很高兴:"真的吗?阿姨真的这么说的?"

我鼓励她说:"当然了,以后要继续努力啊!"

"嗯!"女儿兴奋地点点头。

从那以后,女儿对家里来的每一位客人都特别有礼貌,招待得热情、周到。

还有一次，女儿从幼儿园回来，我对她说："宝贝，你李阿姨今天夸你了！下午她来咱家串门，看到你的小床收拾得干干净净。我告诉她是你自己收拾的，李阿姨说你真能干，比她家小圆姐姐还会做家务呢！"听了我的转述后，女儿此后在做家务方面的积极性更高了。

每个人都乐意从别人口中听到对自己的赞美，跟直接夸奖比起来，借助他人之口来进行夸奖，往往更能起到积极正面的作用。

多鼓励，少夸奖

夸奖表达的是对结果的满意，对结果的关注，这也正是夸奖的局限性。家长因为孩子表现好而给予夸奖，就很容易让孩子把关注点放在结果上，认为只有"表现好"才能取悦父母，这样有可能会使孩子"输不起"，做事情不愿意冒险，抗挫折能力差。

斯坦福大学著名发展心理学家卡罗尔·德韦克曾研究过鼓励和夸奖对孩子的影响，他做过这样一个试验：将几个孩子随机分成两组，让他们独立完成一系列拼图游戏。

第一轮测试：题目是比较简单的拼图任务，几乎每个孩子都能很快地完成。测试结束，孩子们会被告知分数。其中，一组孩子会得到一句夸奖的话，比如："你很聪明，你在这方面很有天赋！"而另一组孩子会得到一句鼓励的话，比如："你表现得不错，你刚才一定很努力！"

第二轮测试：有两种不同难度的题目，孩子们可以自由选择。结果，在第一轮测试中被鼓励的孩子，有90%选择了难度较大的题目，而那些被夸奖的孩子，则大部分选择了简单的题目。

第三轮测试：所有孩子都参加同一种测试，没有选择，题目很难，孩子们都失败了。不同的是，两组孩子对于失败的反应差异很大。在第一轮测试中被夸奖的孩子认为自己失败的原因是不够聪明，他们在测试中因为做不出题目而紧张、沮丧；而之前被鼓励的孩子则认为自己失败的原因是不够努力，他们在测试中表现得很投入，想尽各种办法去解决问题。

第四轮测试：这次的题目像第一轮那样简单。那些被鼓励的孩子在这次测试中得到的分数比第一轮测试提高了30%，而那些被夸奖的孩子得到的分数比第一轮测试则退步了大约20%。

这个试验的结果告诉我们：鼓励孩子用心努力去做事情，是对过程的肯定，会让孩子认为做事成功与否掌握在自己手中；而夸奖孩子天资聪颖，则会让他们认为做事的结果是由自己的天分决定的，不在自己的掌握之中。

那些自认为自己天资聪颖的孩子，认为自己根本不需要去努力做事，觉得努力就像是向大家承认自己不够聪明。而他们不愿意去接受挑战，认为遭遇挫折同样向大家证明了自己不够聪明，无法接受失败的打击，所以他们会规避这样的风险。

误区四
以爱之名

教育孩子是一门科学,里面包含着很多学问。妈妈在教育孩子时,不能随心所欲,必须遵循一定的科学规律。若妈妈固执地认为"孩子是我自己的,我高兴怎么教育就怎么教育",则容易走入教育的误区,事倍功半。每个孩子都是独立的个体,对孩子的教育,不是你想怎样就怎样,而是需要遵循一定的教育规律,不能肆意而为。

在一次交流座谈会中,一位妈妈给我讲述了发生在她女儿身上的一件事:

今年我女儿秀秀以优异的成绩考进了市属重点初中,我觉得自己终于可以松口气了。秀秀也觉得,自己没有辜负我和她爸爸的苦心,考上了理想的学校,假期终于可以好好地休息一下了。

一天晚上,我下班回来,手里拎着一个大口袋。秀秀急忙迎上来,打开口袋,结果她立马呆住了,因为里面全是初一的课本和辅导材料!我没有理会秀秀的惊讶,严肃地对她说:"你呀,别以为考上了重点初中就万事大吉了。要知道,凡是能考进这所学校的都是尖子生,你要想出头,就得提前做准备。"

秀秀说:"妈妈,我知道。可是,这个假期我就想放松一下!"

我说:"我和你爸爸早就打算好了,你的目标就是考上清华大学!当年,我因为两分之差没有考上清华大学,到今天都觉得很遗憾,你可一定要帮妈妈去完成这个心愿。"

见秀秀没有回应，我缓和了语气，语重心长地说："女儿啊，我都是为你着想。清华大学是中国最有名的大学之一，如果你能考进这所学校，以后无论是出国深造还是找工作，都更容易一些。我为你创造这么好的条件、替你操这么多心，对你没什么别的要求，只要你考上清华大学，今后你要干什么，我都不再阻止你。"

听了我的话，她望着我买回来的一堆课本和辅导资料，什么话都没再说，结果第二天她就离家出走了……我发动了所有的亲朋好友才将她找回来。

生活中，像秀秀妈妈这样为孩子设计好前途的不在少数。家长把自己一生的理想或心愿都寄托在孩子身上，逼孩子往自己认为是正确的路上走，却完全不顾孩子自己的意愿，结果往往适得其反。

--------------- 冲破误区，妈妈可以这样做 ---------------

多关注，了解孩子的真实想法

想要做个好妈妈，就要尊重孩子的意见，多听听他们的想法；在帮孩子做决定的时候，一定要问清楚他们的喜好。明确了孩子内心的真实想法，再结合实际来引导孩子，这样的妈妈才是智慧的。

我曾在网络上看到过这样一个故事：

高考分数下来后，小周发现自己的分数超过一本线20分，打算填报自己心仪的某大学的法律专业，可是他的分数仅超过该校录取分数线 2 分。妈妈认为他被该学校录取的可能性不大，便建议他报考另一所大学的计算机专业，因为以他的成绩，被这所学校录取的可能性更大。

小周知道妈妈是为自己好，可是他一点都不喜欢计算机专业，于是说："妈妈，我比较想学法律。"

妈妈说："我知道，可是以你的成绩，很有可能不会被录取。"

小周说："可是如果要报考我不喜欢的学校，学习自己根本毫无兴趣的专业，那样我会很痛苦的。"

妈妈说："我也知道，这个选择让你有些为难。可是，你如果报考计算机专业，将来找工作还是比较有出路的。"

小周思忖再三说道："妈妈，我还是想要报考自己喜欢的法律专业。"

妈妈看到小周坚定的样子，便说："那就按你的想法来，你做了选择就要为结果负责，如果录取不了可不能后悔。"

后来，小周按照自己的想法填报了志愿。他也担心自己不能被心仪的学校所录取，忧心忡忡了很多天，但最终他成功地被录取了。

每个人都不想做自己不愿意做的事情，孩子们更是如此。一意孤行地对孩子进行安排，不仅不利于孩子兴趣的培养，更是对孩子自尊心、独立性和判断力的否定，会对孩子未来的成长造成负面影响。

加强沟通，做孩子的引路人

不论是在平时的生活中还是在学校里，孩子都会遇到各种各样的困惑或者难题。妈妈要注意观察自己的孩子，了解他们的动向，多与他们沟通交流，发现问题要及时帮助他们一起解决。尤其对于一些不太喜欢表达或者不愿意向父母倾诉的孩子，更要多加引导，慢慢地打开他们的心扉，获得他们的信任，帮助他们摆脱烦恼，以更好的状态去学习和成长。

我有一个朋友，她儿子正上小学。有一次，儿子回家对她说："妈妈，今天我们班选举卫生委员，我被选上了。"朋友向他表示祝贺。

她儿子继续说："原来的卫生委员转学了，开学一个月来，我们班的卫生总被扣分，老师便让我们选举一个人来管理班级卫生。我举了手，当了候选人，同学们投票选举，我的票数最多！以后，我放学后会晚点回家。"

朋友听后肯定地说："真不错，你现在当上班干部了，能够为班级着想而牺牲自己的休息时间，放学晚一点回来没关系。"

从那以后，朋友的儿子就认真地当起了卫生委员，可到第三天放学回家后他却对朋友说："妈妈，卫生委员很累，还要每天捡垃圾、扫地，有的同学不扫，还要我帮他扫，我不想当卫生委员了。"

看着满脸灰尘的儿子，朋友笑着说："才当了三天的卫生委员就打退堂鼓了？我们应该做事要有始有终、认真负责，这正是老师和同学们考验你的时候呢。"儿子听了妈妈的话，经过一番思索之后，点了点头，现在他依然认认真真地坚持着卫生委员的工作，回家再也不叫累了。

孩子是家庭中的一员,如果妈妈经常跟孩子说:"我只是比你的年龄大,跟你地位平等,愿意与你交朋友,你的所有事情都可以跟我分享,有什么困难我和你一起解决。"如此,孩子才愿意跟你敞开心扉,倾诉自己的快乐和烦恼。

第 5 章

好妈妈教育要杜绝四种错误

1
强迫命令：喜欢打骂孩子

棍棒底下难出孝子，拳打脚踢之下难出优秀的孩子。家长如果强迫孩子、命令孩子、粗暴地对待孩子、打骂孩子，只会让孩子离你越来越远。

在教育孩子的时候，很多妈妈都会要求孩子听话，听老师的话，听家长的话，并且告诉孩子"听话才是好孩子"。久而久之，"听话"也就成了好孩子的一个代名词。可是，片面地强调让孩子听话，会影响孩子的身心健康发展。

我在做培训的时候，遇到这样一则案例：

云女士是一家外资企业的部门经理，平时工作很忙，顾不上照顾孩子，她只好把孩子的姥姥从农村接了过来，一是让老人在这里帮忙照顾孩子，二是让她享受一下城里的生活。

云女士的儿子很懂事，自从姥姥来了以后，他每天都带姥姥出去散步，还不时地用自己的零花钱给姥姥买好吃的。一天，云女士下班刚到家门口就听到房间里面传来了"叽叽喳喳"的叫声，推门一看：客厅里居然有几只活蹦乱跳的小鸡。忙了一天的云女士，看到家里乱糟糟的样子，有点心烦意乱，张口就对孩子说："你怎么这么不听话？马上就要考初中了，还弄这些东西回来养，你是不是故意气我？"

儿子正要向她解释，云女士却不容分说地把孩子骂了一顿，还让儿子将小鸡扔出去。儿子急哭了，转身回到房间，把门重重地关上。云女士看见更生气了，想要追进去教训孩子。这时候，孩子姥姥赶紧拦住她："这是孩子给我买的，他说怕我在家里寂寞，买几只小鸡陪我玩儿，孩子是好心，你如果不喜欢，可以好好地跟孩子说，把它们送给别人，不要再骂他了。"

很多孩子在遭到训斥后，会找出理由为自己辩解，其目的无非是为了求得妈妈对自己的谅解。这源于孩子的恐惧心理，是很正常的现象。如果妈妈只顾粗暴地训斥而不倾听孩子的说法，孩子的内心想法没有得到表达，就会觉得妈妈不信任自己，不理解自己，就会逐渐变得沉默寡言，不愿意向妈妈敞开心扉，甚至会变得越来越叛逆。

------------------ 我是知错就改分割线 ------------------

盛怒时不管教孩子

在中国，自古以来妈妈对孩子最常见的教育方法就是打。"树不修不成料，儿不打不成才""棍棒底下出孝子"，这都是历史上口耳相传的教子经验。孩子犯了错，脾气暴躁的妈妈就会失去理智地对孩子进行打骂，想以此来促使孩子改正错误，但却事与愿违。因此，在教育孩子的过程中，即便是遇到再大的问题，妈妈也不要在盛怒之下管教孩子，更不要打骂孩子。

高考成绩出来后,小良落榜了,整个假期他都待在家里。除了上网、打游戏,他没有任何活动安排,他的意志日渐消沉,精神逐渐颓废,他也懒得跟同学联系,同学找他玩,他就全都拒绝,就把自己锁在房间里。

对于小良异常的言行举止,妈妈很担心也很气愤,觉得自己的孩子心理太脆弱了,经历一次失败就自暴自弃,整个人都颓废了,简直是"烂泥扶不上墙"!她很想好好地"教育"儿子一番,但是考虑到儿子正处于情绪低落时期以及他的个性特点,她按捺住内心的怒火,选择了默默地照顾着他。一周以后,妈妈的火气渐渐消退,她跟小良进行了一次长谈。谈话中,妈妈以一个朋友的身份,表明对儿子落榜心情的理解,并相信儿子只是暂时的失败。她告诉小良,人生中还会面临更多的挑战,鼓励他学会坚强,继续努力,不要轻易放弃。在妈妈的多次鼓励下,小良最终解开了心结,重新建立起了信心,准备进入高三复习班继续学习。第二年,小良如愿以偿地考入了心仪的大学。

打骂这种粗暴的教育方法,不但不能达到教育目的,还会使孩子形成爱撒谎、冷漠、孤僻、仇视、攻击等心理问题,而这往往会成为孩子以后形成不良行为甚至走上犯罪道路的根源。

冷静处理孩子的不良行为

有些妈妈打骂孩子,往往是因为自己太过着急、生气,急于解决问题,但打骂孩子并不能解决问题。因此,妈妈如果发现孩子有不良的言行，不要气急败坏地管教或纠正，要等待合适的时机，最好是在妈妈和孩子情绪都比较稳定的时候，再找孩子以聊天的形式解决问题。

苗女士的女儿刚上三年级的时候，一天放学她回到家兴高采烈地告诉苗女士："妈妈，放学时老师叫我们值日生扫地，我们几个一窝蜂地跑了，老师一定很生气。"

看着女儿兴奋地描述自己"逃跑"的经过，尽管苗女士心里很生气，但她仍然只说了句"是吗？"就没有再说什么。

过了一会儿，苗女士的心情平静下来，就去找女儿来说说"逃跑"这事对不对。看到妈妈认真而严肃的样子，女儿意识到了自己的错误，羞愧地低下头，不说话了。

看到孩子知错了，苗女士语重心长地说："打扫卫生是每个学生都需要去做的事，这是你们的责任，你们'逃跑'就是在逃避责任。妈妈希望你是一个有责任心、有担当的人，你能做到吗？"

女儿懂事地点了点头。

苗女士欣慰地笑了："那你应该怎么做呢？"

女儿想了想对苗女士说："向老师认错，好好做值日，保证做一个爱劳动的好学生。"

看到孩子既认识了错误，又懂得了如何改正，苗女士感到很高兴。

每个妈妈在养育孩子的过程中都会遇到类似的场景。孩子在成长的过程中不可避免地要犯许多错误，如果发现问题就立刻批评、责骂孩子，尤其是在孩子兴奋的时候，不但收不到教育效果，还可能导致孩子从此不愿意与家长分享和沟通他在生活和学习中的事情。因此，对待孩子的错误，妈妈要善于进行冷静处理。

2
追求完美：对孩子要求过高

妈妈对孩子寄予期望是情理之中，是可以理解的。但是，要把握好对孩子的期望标准，一旦期望标准背离了孩子身心发展的内在规律，让孩子觉得目标可望而不可及，就会严重影响孩子的性格发展和身心健康。

有一项调查显示：上海市共有57.8%的妈妈要求孩子"样样争第一"；市区77.9%的妈妈希望自己的孩子达到大专及大专以上学历。对于孩子的职业，市区91.8%的妈妈希望自己的孩子从事脑力劳动……由此可见，妈妈对孩子期望值过高的现象是多么普遍！但这种高期望，却并不值得提倡。

今年十岁的小杰，是家里的独生子，一直都是被爸爸妈妈捧在手心里。为了能让他在各方面表现出色，妈妈对他的要求很高，除了正常的学校课程外，还给他报了两个课外兴趣班：小提琴和国际象棋。妈妈处处都让小杰"争第一"，小杰也很争气，无论是学习还是兴趣班，成绩都不错。但小杰的生活和情绪却是另外一番状态，比如：对别人的评价异常敏感，只要听到他人质疑或者贬低自己，他就会情绪低落；他也不会像同龄孩子那样尽情地说笑、玩闹，几乎每天都阴沉着脸……

我们可以看出，小杰妈妈对小杰非常严格，为他设立了过高的期望,结果影响了他的正常发展。而小杰在妈妈的高期望下,从小就形成了争强好胜的性格,他必须要用自己最好的行动来使妈妈高兴。因为在他看来,只有达到了妈妈的要求,妈妈才会开心,才会喜欢自己、看重自己。但是,在妈妈的高要求下,他失去了作为一个儿童应该享有的天真和无忧无虑的生活,这值得每个妈妈深思!

------------------ 我是知错就改分割线 ------------------

放平心态,让孩子正常发展

在这个世界上,能力超常的孩子毕竟是少数,强迫孩子达到某个标准,或者给孩子设定太高的要求,很容易挫伤他们的积极性,甚至还会影响到他们的自信心。正确的做法应该是,放平心态,让孩子自由地、正常地发展。孩子减少了压力,思路可能会更开阔,成绩也会在不知不觉中提高。

一次,朋友小米跟我聊起了儿童教育问题。小米说,最近一段时间,她女儿得了一种"怪病":每到周末早晨要去上钢琴课时,女儿就捂着肚子说疼。开始,她以为是因为头一天吃得不合适,便带女儿去医院检查。结果,医生说女儿什么毛病都没有,回到家她又是看电视又是吃零食。可下周、下下周又是如此。直到有一天,小米看了女儿的日记才明白是怎么回事。女儿在日记中写道:我好累啊!每到周末都想好好睡个大懒觉,然后看电视、玩两天。可妈妈却要让我上钢琴班、书法班。我真的不想去,可妈妈说这都是为了我好。看到其他同学都在无忧无虑地玩耍,我特别羡慕。我知道装病骗人不对,可我也没办法。

小米愤愤地说:"她一个二年级的小孩就知道装病骗大人,真是气死人了!"

我告诉小米,她女儿这还算是"客气"的。我上课的时候遇到一个案例,有个女孩在上高一,家里经济条件挺富裕,孩子爸爸看到朋友家的孩子钢琴弹得好,就花大价钱给女儿买了架钢琴,要求女儿学。无奈女儿对钢琴没兴趣,加上功课有些吃紧,结果不仅钢琴没学好,学习成绩也下降了不少。有一天,这女孩气冲冲地对父母说道:"我以后再也不要学钢琴了,我一点也不喜欢。你们以后要是再逼着我学钢琴,我就把钢琴给砸了!"女孩的父母与她进行沟通后,答应不再强迫女儿学钢琴了。

在培养孩子的兴趣方面,家长应首先了解清楚孩子的性格、爱好,尊重孩子的意愿,而妈妈的意见只能作为参考。如果孩子在某方面表现出一些潜能,同时又有这方面的喜好和志趣,妈妈可以尊重孩子的选择,鼓励孩子朝这方面努力,让其有所发展。

给孩子加压要适度

当孩子因为自己的进步而骄傲的时候,妈妈可以适当地提醒孩子,给他一些压力。但如果给孩子过高的期望反而会使他们产生压力,不利于孩子的进步与发展。其实,如果妈妈能够适当引导,把自己的期望变成一种积极向上的力量,多数孩子都会懂得努力进取。

陈女士的儿子上小学，一家三口互相尊重，很和睦。平时陈女士跟老公聊天时，儿子总会瞅着他们俩，听他们说话，遇到感兴趣的话题，还会跟他们讨论一番。有一天，陈女士发现，直到吃完饭，儿子的眼睛都一直盯着饭碗，既不说话，也不关注大人谈论的事情，似乎有很多心事。

饭后收拾完毕，陈女士想了想，去找正在写作业的儿子。儿子说自己写不进去作业，总在想一些与作业无关的东西。陈女士问她："你在想什么？"儿子说："马上就要考试了，上次我前进了三个名次，排名第五，老师这几天一看到我就说：'加把劲儿，争取进前三！'"

听了儿子的话，陈女士感到老师的期望和鼓励已经对儿子造成了不小的影响，让他感到压力巨大。于是她对儿子说："老师只是希望你能考得更好，取得更好的名次，并不是给你压力，他这是在鼓励你。而且妈妈并不在意结果，你只要尽力去做，就很优秀了。别太在意别人的看法，努力就好，放松点。"儿子听了妈妈的话，知道妈妈并没有要求他非要考前三名，终于放松了表情，安心地写作业了。

3
只重成绩：把孩子教成书呆子

美国教育家斯宾塞曾经说过："身为妈妈，千万不能太看重孩子的考试分数，而应该更注重孩子思维能力、学习方法的培养，尽量留住孩子最宝贵的兴趣与好奇心。妈妈绝对不能用考试分数去判断一个孩子的优劣，更不能让孩子有以此为荣辱的意识。"由此，我想到了前段时间在朋友家看到的一幕：

朋友的儿子小阳今年上初三，期中考试成绩单刚下来，他妈妈就迫不及待地跟在后面问："怎么样，考了多少分？"

小阳一边放下书包，一边回过头来说："还可以，就是……"

妈妈脸上的笑容一下子不见了，转身坐到沙发上，打断了儿子的话："我不要听'就是'，我的要求是每科成绩不低于90分，你只要告诉我结果！"

小阳显得有些不安，躲闪着妈妈的目光，说："除了数学，都高于90分。数学题这次太难，我考了81分……还有挺多人不及格呢。"

妈妈火了："你就知道跟后面的人比，没点儿上进心！你们班有没有考90分以上的？"

儿子缓缓地点点头，妈妈的声音又提高了几分："别人能考90多分，你怎么就不能？题太难，别人怎么就会做？还是你不努力！我常常跟你说，要想考上重点高中，就要多用功，你脑子整天在想什么？一定要记住，你的目标是：每科成绩都不能低于90分！"

小阳小声嘟囔着:"又不是我一个人说数学题难,老师也这么说。我怎么不努力了,连老师都说我进步了……"

妈妈火冒三丈道:"还狡辩!告诉你,我不管题目难不难,也不管老师怎么评价你,我要的是成绩!考不上重点高中,就考不上好大学,你以后就不会有好前途。这个周末你哪儿都不许去,在家把考试题目重新做一遍!"

现实中有多少这样的妈妈呀,她们对孩子的要求过于苛刻,不管什么理由,只在乎孩子的分数。殊不知,考试只是检验孩子学习情况的一种手段,是比较单一的检测,基本上只是对孩子学到的书本知识的抽查。考试分数并不能证明孩子真正学到了多少,也不能证明孩子的品格与才能如何,更不是衡量孩子努力与否的唯一标准。

------------------ 我是知错就改分割线 ------------------

摆正心态,正确看待孩子考试成绩

人的一生要经历许多挫折,失败在所难免。对于正在上学的孩子来说,学习成绩不稳定,更是家常便饭。中国目前的学校教育仍是通过考试来检验学生的学习状况,其实这只是一种手段,并不能非常真实而客观地反应孩子的学习情况。所以,妈妈要正确看待孩子的考试成绩。

卢女士的女儿非常聪明又好学。小学一年级第一学期期中考试,女儿就考了全班第一名,语文98分,数学满分。看到女儿取得如此可喜的成绩,卢女士特别高兴,还特意带女儿去了超市,给她买了很多她喜欢的零食、玩具……

得到这么多奖励，女儿兴奋地说："下次一定要比这次考得更好！"卢女士也笑着鼓励说："继续保持好成绩，不能退步！"

从此以后，卢女士的女儿学习更加刻苦了，卯足了劲儿准备迎接期末考试。

期末考试成绩出来以后，女儿考了全班第二，语文和数学的成绩都是97分。拿着试卷，女儿有些不高兴，她觉得自己退步了。卢女士看着试卷，有些担忧又有些气愤地对女儿说："你还说自己没有骄傲呢，怎么还没有上次考得好呢？不能因为取得一点点成绩就放松学习啊！"

妈妈的责备和不理解让女儿觉得更加委屈，明明自己没有骄傲，已经在很努力地学习了，只是因为考试分数没有上一次高就要受到批评，忍不住哇地哭了起来。

孩子的考试成绩有好有坏、高低起伏，这是正常现象，可是卢女士却不能正确对待这件事情。第一次，女儿因为考试成绩好得到了妈妈的嘉奖，第二次比第一次考试成绩稍微有所下降，就遭到了妈妈的责骂。其实，对比两次考试成绩就可以看出，卢女士的女儿考试分数都在90分以上，且相差仅在3分之内。这说明，她对知识的掌握还是比较扎实的，学习劲头也保持得不错。但是糊涂的卢女士并没有意识到这一点，一味地责骂只会带给孩子无形的压力和委屈，并不利于孩子的学习和成长。

别给孩子太大的学习压力

一根弦，绷得越紧越容易断，同理，人的神经也是一样，虽然压力有时候是动力，但压力过大，则多数时候会适得其反。因此，要想让孩子轻松、愉快地学习，妈妈就不要给孩子太大的压力。

　　有个男孩，在班里成绩一直都是前几名，平时的作业总是写得认认真真，很少会出现什么错误，作文也总是被老师当作范文在班里读。他也被班主任列为优等生，很期待他在期末考试中获得出色的表现。

　　可是，期末考试分数下来，他的成绩在班里却是第 40 名，班主任感到很惊讶，对他的试卷进行了分析，发现他的失分之处都不是因为不会，而是在不该错的地方出现了失误。班主任觉得纳闷，他平时学习那么认真，为什么这次到考场上就马虎了呢？

　　后来，男孩的妈妈告诉班主任："考试前的几个晚上，孩子每天都失眠，一直到半夜，怎么也睡不着。""失眠？"班主任感到不可思议：一个九岁的小学生怎么可能失眠呢？他应当是无忧无虑的。

　　经过进一步的了解，班主任发现，原来男孩的妈妈好胜心强，要求孩子期末考试至少要考进前三名。而男孩知道，想拿到前三名并不容易，只要稍有失误，就可能排到十几名之后。结果，在妈妈的要求之下，男孩感到很害怕；越是害怕就越紧张，每天都学不进去，压力很大，结果反倒没有发挥出真实水平。

　　孩子的学习过程是十分辛苦的，妈妈在要求孩子搞好学习的同时，还应当帮助孩子消除紧张感，不能一味地让孩子只想着学习，他们毕竟还是孩子，玩是他们的天性。在学习之余，要适度地给孩子留一些娱乐的时间，放松一下紧张的大脑。

4
金钱至上：认为金钱可以解决一切

在生活中，有很多妈妈认为只要有足够的金钱就可以给孩子提供好的物质生活，为孩子选择更好的学校，有更多的资源来为孩子拓宽视野、扫除障碍，甚至是包办他的一切。但是，金钱能买到的只是外在的教育手段，而对于内在的教育，如孩子的性格、品行、知识量、人生观等，是金钱买不到的。因此，一味强调金钱的作用而忽视对孩子的内在教育，容易让孩子缺少教养，不仅学习一塌糊涂，还会形成错误的人生观、价值观等，影响其成长。

我一个朋友的老公经营着一家贸易公司，家里生活条件很好，在他们的孩子出生后，朋友便辞职在家做起了全职太太。

随着孩子越来越大，朋友闲暇时间越来越多，与多数富太太一样，她每天流连于美容院、商场，现在孩子已经上初中，她一直都没有上班，也没有一个长期的爱好。用她自己的话说："反正我老公挣的钱够我们娘俩花一辈子了，将来等孩子高中毕业送到国外待两年就行了。"他们的儿子本就学习成绩差，在朋友的这种观念不断影响下，儿子更是肆无忌惮，花钱大手大脚，是班里出了名的小富翁。

去年春节期间，这位朋友的儿子在一家比较高档的饭店请几位同学吃饭。他们几个点了一大堆食物，然而，他们只吃了一半就饱了。之后，他们走进一家电子科技广场，他又花了好几千元买了部新手机。

晚饭时间，几个人再次大摇大摆地进入一家人均消费300多元的日本烧烤店大吃大喝。

也许对于朋友来说，他儿子花这几千多元钱算不了什么大事，但时间长了，必然会对孩子的三观养成造成不利影响。

妈妈是孩子的第一任老师，在孩子的成长过程中，妈妈的三观对孩子三观的养成起着极为重要的作用，一旦疏忽了管教，孩子就容易偏离健康成长的轨道。

------------------ 我是知错就改分割线 ------------------

开个账户，让孩子合理利用金钱

作为妈妈，你们如何管理孩子的压岁钱？可能很多妈妈都会异口同声地说："替他们保管。"过去我也是这样做的，直到有一天，我听朋友朱女士告诉我她对自己孩子的理财教育。

朱女士为了帮女儿养成良好的理财习惯，跟女儿约定为她开一个银行账户进行理财。当朱女士带着女儿来到银行，女儿感到很是新奇，在妈妈的指导下，学着填写申请单。经过近半小时的折腾，她们才把申请单填好。

开户手续很快就办理完毕。当朱女士把银行卡交给女儿的时候，女儿开心地说："妈妈，以后你再也不是我的'银行'了，我要自己保管自己的钱。"

看着女儿开心的样子，朱女士很耐心地将有关的事情讲了一遍，并告诉她:"虽然我让你自己存钱,但是你也要有个长久打算,我每个月给你的零花钱都是固定的,花不完的你可以存进这张银行卡里,等到年底,你就可以利用它买些自己喜欢的东西了。"

刚开始的那几天,朱女士不放心,怀疑女儿能否通过银行卡存钱、理财,每隔几天就要问问女儿,慢慢地,她发现自己多虑了,女儿完全有能力做好这些。

半年后,朱女士生日当天,女儿一早就神神秘秘地告诉她:"妈妈,生日快乐,今天你下班后我给你一个惊喜!"

"谢谢宝贝,是什么惊喜呢?我好期待啊!"朱女士满心欢喜。

下班之后,朱女士一进家门,就收到了女儿送给她的康乃馨和香水,她既欣喜又感动。女儿笑嘻嘻地说:"妈妈,这都是用我自己的钱买的。"

听了朋友的方法之后,我带着女儿也办了一张银行卡,带领小小的她学会了理财。

为孩子设立一个银行账户不失为一种明智的选择,可以从小培养孩子的"财商",让孩子对金钱和财富有初步的认识,进而形成正确的金钱价值观,还能够培养孩子延后享受的理念。这种理念也是犹太人财商教育中最重要的一点,是他们成功的最大秘密——让自己的欲望延期得到满足,以追求将来更大的回报。

引导孩子正确认识金钱的作用

前苏联教育家苏霍姆林斯基曾经说:"教育孩子首先是关怀备

至地、深思熟虑地、小心翼翼地去从触及孩子的心灵开始。"而让孩子正确对待金钱的最好办法，莫过于慢慢地引导他们正确认识金钱的作用。

小海的爷爷患有心脏病，做手术共花了10万元，几乎花光了家里所有的积蓄。小海的妈妈对他们说："钱没了还可以再去赚，只要爷爷没事儿就好。"小海从妈妈略带伤感又有些欣慰的语气里，似乎明白了金钱的重要性，原来金钱不仅可以买到生活必需品，还可以给人治病，甚至是救命。

一个星期后，小海发现他的同桌连续几天都萎靡不振，小海问他怎么了？同桌说，他爸出了车祸，撞断了腿，需要截肢。小海劝他："你家那么有钱，你不用太担心治不好！"可是同桌却告诉他："我爸只能截肢，以后的生活他就要靠假肢活动了。"小海这才明白，即使用钱，也买不来健康的双腿。

小海对钱的作用有了更深入的认识，但是还是有所疑惑，于是，他就去问妈妈，金钱到底能做什么。妈妈告诉他："金钱虽然可以给我们提供便利，我们在衣、食、住、行、娱乐等方面都离不开金钱，但金钱不是万能的，比如，它买不了健康，也买不了生命。"

金钱，是生活的必备条件，我们离不开它。但金钱也不是万能的，它并不能解决所有的问题。对于这一点，妈妈一定要引导孩子有正确的认识。

第6章

好妈妈成就孩子健康生活

1
不拖延：养成良好的时间观念

生活中，有很多孩子的时间观念非常差，做事情总是磨磨蹭蹭、拖拖拉拉的，时常需要妈妈的督促。这不仅跟孩子的年龄有关系，也跟孩子个人的性格和后天培养有关系。所以妈妈要帮助孩子改掉"拖延症"，养成良好的时间观念，努力培养孩子成为一个做事果断、干脆利落的人。

有个小男孩叫星星，她一直生活在妈妈的督促之下，起床需要妈妈催，做作业也得妈妈催。时间一长，他便养成了依赖妈妈催促的习惯，并且形成了一种认知：妈妈一定会帮我掌握好时间。因此，他根本就没有时间观念。

最近几天，妈妈有事回老家了，家里只剩下了星星和爸爸。一开始星星还觉得很开心，他在心里偷笑："嘿嘿！妈妈不在家，再也没人催促我了，真好！"妈妈不在家的第一天晚上，星星慢慢悠悠地做着作业，一直到晚上十一点才做完。第二天早上，星星窝在被窝里不愿意起床，潜意识里还想着妈妈会叫他的。

而当星星终于睁眼起床时，已经是上午十点了，比他上学时间晚了两个多小时！星星跳下床冲出房间，跑到爸爸妈妈的卧室，冲着爸爸大喊："爸爸，你为什么不叫我起床？"爸爸却很平静地回答："是你妈妈让我不要叫你的，你长大了，必须自己有时间观念！"

星星栽了大跟头，相信他从此以后一定会牢记"自己一定要有时间观念"这句话。

在我们身边，很多孩子都有星星这样的毛病，如果有妈妈的催促还能将事情尽快做完做好，可一旦妈妈不在身边，就一副拖拉的状态。如此，妈妈就会感到非常心急，甚至会因控制不住自己的情绪而向孩子发脾气。

不过我们也要好好思考一下，究竟是什么原因让孩子如此拖拉？我们是不是也要承担责任？因为像星星这样没有人督促就会变得拖拉的孩子，基本上都是因为家长之前总是督促他，使他形成了依赖，才养成了这种不良的习惯。所以，妈妈要想办法培养孩子的时间观念，尽量让孩子自己去承担一些不遵守时间的后果，以此作为教训。

与孩子达成时间上的约定

妈妈要想帮助孩子改掉"拖延症"，就要注意善用时间约定。当孩子要做一件事时，妈妈可以给这一件事设定一个约定时间，要求孩子在约定的时间内完成，以此来锻炼孩子做事情的速度。

董女士的女儿做事很磨蹭，就连吃饭都要花很长时间，有时候董女士和老公连碗都刷完了，女儿还在吃。后来，董女士告诉女儿："我们来约定一个吃饭的时间，超过约定的时间，我就直接收掉你的碗筷，不管你有没有吃饱。"

女儿对董女士的话毫不在意，吃饭时依然很慢。过了约定的时间之后，董女士直接就将她的碗筷收走了，碗里还留着没吃完的米饭，以及她爱吃的鱼肉。女儿吃惊地看着董女士，她却很平静地说："我已经提醒过你要注意时间了，如果没有吃饱，这就是你自己的责任了。"没吃饱的女儿过不了多久就饿得难受，但董女士坚持不给她任何食物，包括水果。

这样的情况反复几次之后，女儿再吃饭就变快了，虽然有时候董女士还会收掉她没吃完的饭，不过留在碗里的饭已经越来越少。直到后来，女儿终于能在约定的时间内吃完饭了。

做事前约定时间的规则会让孩子意识到问题的严重性，提高责任意识，不会再抱有侥幸心理，让孩子记住因为没有遵守时间约定而带来的教训，而且这种记忆还非常深刻，会激励他们不断地遵守时间规定，养成良好的时间观念。

引导孩子体验"慢性子"

"慢性子"的孩子大多都体会不到自己的慢速度，妈妈可以找机会或者创造机会让孩子体验一下自己的"慢性子"。比如，我们可以学习下面的这位妈妈，找个时间向孩子"演示"一下孩子平常的表现。

孟女士的女儿小奕每天早上起床的时候动作就像在放慢镜头，她穿衣服的速度简直慢得就像乌龟。孟女士常常想让她动作快一些，可是不管她怎么说都没有效果，最终孟女士决定使出"撒手锏"。

孟女士找了一个星期天，说要和小奕来个角色转换，也就是妈妈扮演小奕，小奕扮演妈妈。小奕一听就来了兴致，欣然答应。母女二人先从早上起床开始演起，"妈妈"开始督促"小奕"起床，"小奕"

睁开眼,翻了个身。"妈妈"又叫"小奕"起床,"小奕"坐起来,不紧不慢地拿着衣服,开始穿。她慢慢地把左手伸进左边的袖子,又慢慢地把右手伸进右边的袖子,之后慢慢地翻衣领、整衣服、系扣子,慢慢地穿裤子……

"妈妈"看到"小奕"的样子,皱了皱眉头说:"这也太慢了呀!你得快些,不然要迟到了。"

孟女士笑着从床上下来,走到女儿面前说:"你也觉得慢是吧?你想想看,你每天早上起床是不是这样的呢?"小奕脸一红:"好啦,妈妈,我知道了。"

孟女士点点头说:"那就好,我知道你一定能让速度快起来的。从明天开始努力,加油!"

孟女士用真实情景再现的方式,对孩子形成了一种视觉上、心理上的双重刺激,让她意识到自己这样做到底浪费了多少时间,明白自己的"慢性子"究竟有多慢,体会他人对这种"慢"的等待是一种怎样的心情。借此身份转换,孩子就会有意识地去改变。

2
不舍弃：让孩子养成良好的卫生习惯

在生活中，个人清洁卫生看起来是一件微不足道的小事，却能反映出一个人的精神素养和生活习惯。如果一个人不仅外表邋遢，家里也是脏乱不堪，不注重个人和家庭卫生，那他的精神面貌肯定很差。一个有着良好卫生习惯的人必然是一个自律的人，一个热爱生活的人，一个有着美好追求的人。

良好的个人卫生习惯不只是身体健康的保障，还是自身素质的体现。然而，很多孩子甚至家长，都没有养成良好的卫生观念，并不把个人卫生当成一件重要的事情。

我有个朋友叫莉娜，自从她生下儿子小阳后，就特别忙，为了不影响工作，她便把孩子送到乡下的爷爷奶奶家。小阳三岁时，该上幼儿园了，莉娜决定接小阳回市区住。

可能是在乡下生活得很随性，莉娜觉得小阳不太注意卫生，每天让他洗澡的时候，都推三阻四不肯进浴室，更别提饭前洗手、刷牙漱口的卫生习惯了。因此，小阳总是不时闹肚子痛，还出现了蛀牙。

开学后，原本刚发下来的崭新校服，不到几天便被小阳穿得又破又脏。看到其他孩子都整洁漂亮，自己的孩子却像一只又脏又臭的小猪，莉娜感到异常苦恼。但她教小阳刷牙洗脸，他总是马马虎虎三两下便完事儿；不让他捡食掉在地上的食物，他也总是改不了……

为了让小阳改掉坏习惯，莉娜只能加强引导，更加耐心地与儿子沟通，经历大半年的时间，终于把儿子改造成了一个干净整洁的好孩子。

孩子小时候充满好奇心，任何东西都是他们探索的对象。在他们探索世界的过程中，也会不可避免地接触到一些不洁净的事物，把身上的衣服弄脏，这个时候妈妈要对孩子加以提醒。比如：告诉孩子什么东西不可以碰，什么时候要洗手、洗澡等。卫生习惯是孩子生活习惯中的一个重要组成部分，关系到孩子生活的各个方面，因此负责任的妈妈都会让孩子从小养成良好的卫生习惯。

让孩子当"家庭卫生检查员"

如果孩子的卫生习惯不好，妈妈可以让他当"家庭卫生检查员"，让他在监督家庭卫生的过程中养成讲究卫生的好习惯。妈妈可以利用孩子想当"大人"的欲望，让他监督家庭的卫生状况，把孩子的责任心调动起来，引导他们主动去承担起自己的职责。

我女儿小时候也不讲究卫生，为了帮助孩子养成讲卫生的好习惯，我就参考某本书中介绍的方法，给孩子封了个"家庭卫生检查员"的"官"。

在和丈夫商量达成一致意见后，我们召开了家庭会议。我先给女儿讲解什么是良好的卫生习惯，然后通过投票选举，让女儿当上了"家庭卫生检查员"，监督家里的卫生情况。女儿很高兴地答应了。

有了"官职"后，女儿每天都尽心尽力地履行自己的职责，不但每天早晚刷牙不用我催,还督促我及时收拾家务、督促爸爸洗脚,检查家里的大小卫生,俨然成了名副其实的"卫生检查员"。

每个孩子都有很强的荣誉感,一旦给他们封了"官",这种荣誉感会给他们暗示:自己一定要做好,才能对得起自己的"官职"。在孩子当"官"的过程中,如果"工作"做得好,妈妈要及时送上赞扬和鼓励,进一步强化孩子的良好行为,让孩子体验到成就感,引导他们主动养成良好的行为习惯。

不讲卫生,有害健康

妈妈要知道,孩子不讲卫生,除了受不良习惯的影响之外,主要是因为他们并不清楚不讲卫生的危害。如果妈妈把这些危害具体地讲给孩子听,孩子对此是不会无动于衷的。我们常说:病从口入。不讲卫生最直接的影响就是危害身体健康,而身体健康事关孩子的切身利益。因此,妈妈可以跟孩子讲"生病严重的话,就没有劲儿玩自己心爱的玩具了"。

姜女士的女儿活泼好动,总是这里玩玩,那里摸摸。但她在吃饭前总是不爱洗手,每次都得姜女士催促好几次。不仅如此,她还不爱剪指甲,妈妈帮她剪的时候她也总是闪躲。有时候姜女士工作忙,忘了帮女儿剪,她的指甲就会长得长长的,指甲缝里也总是黑黑的。

姜女士认为,一直这样下去,不利于孩子身体健康,于是她想出了一个方法。她跟朋友借了一台显微镜,剪了一点女儿的指甲,制作成一个临时的玻片标本,然后放在显微镜下让女儿观察。

女儿看到许多像虫子一样的东西在水中游动,姜女士告诉她这些东西都是寄居在她的指甲缝里的。看到这些,女儿浑身直起鸡皮疙瘩。姜女士又趁机说:"这些'虫子'就是细菌,如果我们吃东西前不洗手,这些东西很容易被我们吃进肚子,就会导致身体生病。"

女儿看看游动的细菌,想想妈妈的话,感觉太可怕了,从此就非常自觉地去洗手和剪指甲,再没有让妈妈催促过。

事实就是如此,尽管妈妈三番五次地告诉孩子"不讲卫生有害健康",但如果没有直接的证据或事实摆在孩子面前,是很难说服他们的,他们往往不会放在心上。但是当有直接的证据或让他们有了真切的感受时,他们才会因恐惧而开始注意卫生。所以,给孩子讲清楚不讲卫生的危害,可以用直接的事实,也可以用有效的证据。

3
不挑食：引导孩子正确就餐

现如今，我国国民的生活水平相对过去大大提高了，而且几乎每个家庭都只有一到两个孩子，这就意味着我们能够给孩子提供更好的物质条件。但是，在这样物质相对充足的生活里，很多孩子却养成了挑食的毛病，身体素质令人堪忧。究其原因，是大多数妈妈没有给孩子正确的引导，习惯了由着他们的性子。因此，在孩子的健康饮食问题上，妈妈一定要重视起来。

儿童时期是孩子身体迅速生长发育的重要时期，合理的膳食搭配是促进孩子正常发育、健康成长的物质保证。一旦发现孩子有挑食的毛病，妈妈要多花些心思和时间来纠正，比如，可以借鉴下面这个案例中的方法，给孩子设计多种多样的菜品。

前段时间，我表妹给我打电话说，她女儿小新虽然已经六岁了，但和同龄孩子比起来，显得特别弱小，隔三差五地生病。之所以会这样，就是因为小新有严重的挑食症状。表妹说，小新在幼儿园吃饭的时候，只吃自己喜欢的，不喜欢吃的蔬菜都会被她挑出来扔掉。

表妹为此感到很是苦恼，便来向我取经，我告诉她："为了让孩子能得到全面的营养，我们要多下点功夫，可以把饭菜做成多种样式。其实在餐桌上，蔬菜可以无处不在。"

我认识一位营养师，为了让全家人都能合理地摄入营养，她为家人的一日三餐都进行了精心设计。可以说，每顿饭都是菜种繁多，营养均衡。但是，她的孩子依然不爱吃蔬菜。为此，这位营养师下了很大的功夫：她每天都要做一次"五彩米饭"。除白米之外，锅中还会放甜玉米粒、豌豆、胡萝卜粒、蘑菇粒，再点上几滴香油，米饭就会变得格外诱人，孩子看了也会食欲大增。同时，这位营养师朋友还会做营养丰富、口味多样的"什锦蔬菜沙拉"，在里边添加了不少口味清新的凉拌蔬菜。孩子不爱吃胡萝卜，这位营养师就在肉丸、饺子、包子、馅饼里添加少量胡萝卜。她还给孩子设计了一种面粉加鸡蛋、胡萝卜细丝、西葫芦细丝做的"红绿丝煎饼"，孩子改掉了不爱吃这些蔬菜的习惯，对妈妈做的这些菜都吃得津津有味。

表妹听后，也学着我说的这个方法，每天变换着法子用蔬菜做各种吸引孩子的菜品，慢慢地，她也跟我反馈说，女儿渐渐爱上了吃蔬菜，身体状况也越来越好，现在已经很少生病了。

让孩子参与烹饪，让他们爱上不喜欢的蔬菜

要想让孩子从小养成健康、良好的饮食习惯，妈妈可以让孩子从小学习做饭，比如参加各种烹饪课程，或者爸爸妈妈做饭时，请他们在一旁当小帮手，这样能帮孩子培养认识食材、了解烹饪过程的辛苦，进而引导、帮助孩子培养更健康的饮食习惯。

我有一位朋友在幼儿园做老师，聊到很多孩子爱挑食的时候，她告诉我她带的班级孩子的现象。

她的班上原来有个孩子挑食很严重，尤其不爱吃蕃茄，只要饭菜

里有蕃茄,他都会一点点地挑出来,一口都不肯吃。

每次看到桌子上被孩子们挑出来的菜,朋友都会对孩子们讲:"我们如果不吃菜,身体会缺少营养,就不能长高哦。"可是一点都不管用,孩子们还是照样把不爱吃的菜挑出来。于是,朋友准备了一些平时常见的蔬菜,给孩子们上了一堂特别的课——"好吃的菜"。

朋友准备了电磁炉和锅,带来一些新鲜蔬菜,让孩子们亲自观察、摸摸,感受菜的性质;然后将菜用刀切开,让孩子们去发现里面的奥秘;再给孩子们讲述各种菜的营养价值和对身体的益处;之后她将一些切好的菜放到锅里烧熟,在盘子里摆出各种花样,强化了孩子们对菜的直观认识;最后,她让孩子们来分别品尝这些蔬菜,让他们自己去体会这些菜不仅好吃,还有营养。课后继续对孩子们灌输蔬菜的好处,孩子们慢慢喜欢上了这些蔬菜,还直夸这些菜好吃。

如果孩子挑食,妈妈可以让孩子学着观察、了解蔬菜的面貌,同时创造机会让孩子参与烹饪,可以让孩子爱上本来并不爱吃的蔬菜。其实多数孩子都对厨房兴趣浓厚,参与的愿望很强,因此妈妈在做饭的时候,不妨让孩子也动手参与进来。

给孩子讲讲吃蔬菜的好处

我女儿还小的时候,我总会变着花样给她做吃的,餐桌上的菜肴总是很丰富,蔬菜、肉类、豆类、主食样样俱全,还经常炖各种汤。不管是吃米饭、面条,或是其他食物,我都会有意识地对女儿说,吃了这个,脸上就不会长小痘痘;吃了那个,就会长得快;喝点鱼汤,就能变得更聪明……每一道菜，我都能找到一个对身体好的理由说出来。女儿潜移默化地觉得吃这些东西对自己有好处，自然也就愿意吃了。

女儿小时候不爱吃鱼，因为怕卡着喉咙。开始的时候，我帮她将刺挑出来，把鱼肉喂给她吃；等她再大一点后，我便让她自己学着挑鱼刺，时间一长，女儿不爱吃鱼的问题也解决了。

等到女儿七八岁时，我发现她开始不太喜欢吃蔬菜了。每次吃饭的时候，她总是忽略蔬菜的存在。我就对她说："你这小嘴唇怎么都脱皮了呀？不吃青菜就是这样的结果。脸上的皮肤怎么也变黄了？头发也分叉了，你是不是不想做美丽的公主了？"我的这一番论调顿时让女儿觉得很有危机感，她立刻明白了吃青菜的重要性，便夹着青菜大口大口地吃起来。

每当带女儿去别人家做客，主人问女儿喜欢吃什么菜时，我总是大声说："她不挑食，什么都吃！"在这种心理暗示和鼓励下，女儿真的什么都爱吃了。

很多时候，孩子不喜欢吃蔬菜，多半是因为不知道蔬菜的好处。因此，要想让孩子养成良好的饮食习惯，就要将各类蔬菜的好处直接告诉他。

4
不依赖：鼓励孩子自己的事情自己做

孩子的成长无人能够替代，只有不断体验、不断试错才能收获成长经验。以爱的名义阻挡在孩子面前，对孩子的事情过于包揽，久而久之孩子就会失去自信心、独立性、责任心和创造性。既然我们都希望孩子成才，就要记住一个事实：妈妈包办得越多，孩子的生活能力就会越差！其实，孩子比我们想象的更能干，只要给予机会，放手让他们学着自己的事情自己做，他们就能充分展示出天赋。

去年春节前，我到一个朋友家去还东西，一进家门，就被她家的情形吓住了，现在想起来，我还想笑。我对这个朋友不太了解，从没有见过她这样忙乱：玄关处堆放着几个大垃圾袋，里面装满了从屋子整理出来的废弃物。好不容易走过去，却连坐的地方都没有，因为沙发上、椅子上都堆满了东西。

我问她："你要搬家？"

她说："不是，收拾屋子。"

我说："收拾屋子还用这样？你多长时间没收拾了，怎么这么多东西？"

她说："快一年了！"

我一听，惊讶得下巴都快掉下来了。

这时，一个老人从屋里走出来，手里拎着扫帚和抹布，朋友介绍说:"这是我妈,昨天刚来。"

我向阿姨问了好。朋友接着说:"我妈专门从老家过来给我收拾家的。"

老人笑呵呵地说:"是!我闺女我知道。别看她住的是新房,但我知道屋子里是什么样。我早就想来帮她收拾了,但地里有农活,脱不开身。这不,地里忙完了,我就赶紧过来了。过完年再回去,顺便帮她收拾一下。"

遇到这种事情,你会怎么做?你会怎么想?一个三十多岁的正常人,居然连家务都做不了,还要让老妈专程来帮忙收拾家!这个案例虽然是个例,但更能让我们意识到一个问题:小时候,妈妈不让孩子自己做事情,长大后他仍然会将他的事情交给你。我相信,遇到这种孩子,遇到这类事件,多数妈妈都不会袖手旁观。可是,孩子长大成人后如果连普通的家务都处理不了,如何能处理好其他的事?

不舍得让孩子做事,孩子就失去了锻炼自己的好机会。如果一直按照这样的教育模式成长,孩子的生活自理能力就会严重短缺,连生活都料理不了,长大后只能成为别人的负担。孩子的一生,需要掌握的生活技能有很多,连自己都照顾不了,长大后如何胜任工作?结婚后如何照顾家庭?

孩子能做的事,要尽量让他做

要想让孩子养成自己的事情自己做的习惯,只要是在他们能力范围内的事,就要尽量让他去做。孩子掌握了某项技能或完成某件事后,还要鼓励他坚持做下去，以培养他及早养成独立自主的意识。

妈妈多鼓励孩子做自己能做的、做自己会做的，是让孩子养成良好生活习惯的好方法。因此，平时妈妈就要有意识地教育孩子自己洗漱、穿衣、做家务等。一旦孩子从做事中感受到快乐，获得满足和成就感，时间长了，就能养成一种习惯，未来之路也会轻便很多。

我女儿升入四年级后，不仅跟班里的同学感情更好了，还喜欢邀请同学到家里来玩。有几次，女儿告诉我说，同学小妮放学后想来跟她一起写作业，我答应了。可是连着一个星期后，我就发现了一个问题：每次写完作业，她们都会将屋子里搞得很脏，橡皮、纸屑、笔芯、彩笔……扔得到处都是；翻阅完图书，直接往桌上一扔；玩具丢得到处都是……接连帮她们收拾了几次之后，我有些懊恼，便说："以后写完作业或是玩完了玩具，你们都要收拾好。如果不收拾，我就不让你同学来跟你一起写作业了。"女儿想了想，觉得还是想跟同学一起写作业，便答应了。

经过这次沟通，小妮放学后依然来家里一起写作业，但走之前她都要跟女儿一起收拾桌子，将文具、书本全部归位，同时将地扫干净；即使是周末来玩，她也会在走之前，帮着将屋子收拾了。看到孩子们懂得了主动把自己的事情做好，不给别人添麻烦，我感到很欣慰。

孩子玩完玩具之后将屋子弄得一塌糊涂，相信多数妈妈对此都会心生无奈。其实，我们完全可以让孩子自己来处理这件事，既然是他们将屋子弄脏的，他们就有责任将屋子整理干净，大人可以从旁指导或帮助。长期坚持下来，孩子自然就能形成一个良好的生活习惯。

在妈妈眼中，儿女永远都是孩子，都需要自己为他们遮风挡雨。

在这里，我并不是要指责这份舐犊之情，但我们都只能照顾孩子一时，庇护不了他一世。为了使孩子将来能够成长为一个有担当、有责任心的人，一个懂得照顾自己也知道关爱他人的人，还是要从小就培养他们独立做事的能力。

孩子遇到的问题，鼓励他自己解决

孩子在掌握生活技能、培养生活习惯的过程中，也会遇到各种问题。这时候，妈妈就要鼓励他们自己解决，不要第一时间站出来帮忙解决问题。如此，不仅可以让他们掌握更多的生活技能，还可以提高他们解决问题的能力。

妈妈经常鼓励孩子要自己的问题自己解决，鼓励他们积极想办法，不仅能提高他们的生活能力，更能锻炼大脑、开拓思维，从而变得更自信，何乐而不为？

由于工作的关系，我们家里下午有时会没人。为了便于女儿放学后能及时回家，我便给她配了一把钥匙，让她每天上学前将钥匙放到书包里。

有一天下午五点，我接到了女儿的电话："妈妈，我书包里没有钥匙，你是不是早上没有帮我把钥匙放进去？"

我想了想，钥匙确实放进去了，便说："放进去了，你昨天进门将钥匙放在了鞋柜上，我今天早上帮你放在了书包里，还叮嘱你，用完钥匙后直接放进自己的书包。"

女儿一时没有回答，可能是在回想，然后我便听到了她的声音：

"对，我记得！可是，现在书包里没有。"

我问她："你是不是把钥匙从书包里拿出来了？"

她忽然想起来什么，说道："噢，对！一进小区门口我就拿出来了，我同学要看上面的钥匙链，我给他们看了。"

听了女儿的话，我就明白了，孩子们可能只顾着看钥匙链了，看完之后，不知道将钥匙丢到哪儿了。于是，我对她说："我现在有事情要处理，赶不回去，你先找找，实在不行，先去同学家写作业。"之后，我们便挂了电话。

由于担心女儿，我加快工作速度，很快就处理完了事情，结果等我再给女儿打电话的时候，她说她正在家里写作业呢。女儿兴奋地告诉我："挂了你的电话后，我仔细回想了我从小区门口到家的过程。突然想起来，回来的时候我和同学在小区广场上玩了一会儿。等我们玩够了，我拿起书包就走，却将钥匙落在了广场那儿。我沿路找回去，果然在那找到了。"

我夸赞她说："不错嘛！还能找到！"女儿呵呵一笑："我很厉害吧！"

这件事让我压根儿没想到的是，女儿居然自己将问题解决了。现在想起来，我都觉得自己当时低估了女儿的能力。虽然我在电话中说让女儿自己找找，其实我根本就没抱希望她能自己找到，更没想到她真的会去找。但女儿却用自己的行动告诉我，她自己遇到的问题，确实可以自己解决。

很多时候，我们根本就不知道孩子究竟有哪些能力，只有在解决问题的过程中，他们的智慧才会被激发出来。对于丢钥匙这件事，很多孩子可能都会遇到,丢了怎么办?我相信,大多数妈妈很可能就这么不了了之了,毕竟,丢一把钥匙也没什么大不了。但通过女儿丢钥匙这件事我发现,他们自己遇到了问题,也可以自己解决,妈妈需要做的就是:给他们一些信任和鼓励,让他们自己去想办法解决。因为有时候他们处理问题的能力会超过我们的想象。

第 7 章

好妈妈助力孩子轻松学习

1
好氛围：为孩子创建良好的学习环境

一个安静的学习环境，能使孩子的心平静下来，从而更好地学习、思考。在喧闹的环境中，孩子的精神会处于分散或者紧张的状态，无法专注于学习，学习效率自然不高。

杨女士很注重儿子的学习状况，为了培养孩子的阅读习惯，杨女士不仅专门为儿子开辟了一个书房，还为儿子买来很多书。但是让她失望的是，儿子就是不喜欢读书。

每天晚上吃完饭，杨女士就会对儿子说："去书房读书吧，我给你买了好多书，你都还没读过呢。"儿子去了书房之后她就打开电视机，津津有味地看起来。

电视机的声音调得过高，儿子在书房里也能听见，注意力被分散了。儿子无法安心阅读，不是要喝水，就是要上厕所，从而借机出来看电视。看到儿子总借机出来看电视，不去读书，杨女士开始的时候还会督促，可是，一遇到好看的电视剧，她就顾不上管儿子了。

《三字经》里说："昔孟母，择邻处。"讲的就是"孟母三迁"的故事。为了使孟子拥有一个好的学习环境，孟母煞费苦心，三迁居住之所。这个故事告诉了我们，好的教育跟良好的环境是分不开的。

在整个世界相互紧密联系的时代，每个人时时刻刻都在受到周围的人和物的影响。为了孩子能在一个良好的环境中学习成长，妈妈要尽量避开不利的环境，努力为孩子营造一个健康、和谐的环境，让孩子能够全心地投入学习。

妈妈爱看书是一种"无声"的教育

要想创建一个好的学习型家庭氛围,妈妈就要带头学习,利用业余时间不断学习,不断"充电",给孩子一种"无声"的教育。这比只会不断叮嘱孩子"你要好好学习",而自己却在一旁看电视、打麻将的效果好得多。

一度我也为如何培养女儿形成良好的学习习惯发愁。女儿刚入学那会儿,每天放学回家她从来不写作业,刚放下书包,就疯跑着出去玩。我给女儿买了很多书,她也从来不看。后来,我觉得应该先在自己身上做些改变。于是,晚上吃完饭之后我不再看电视、玩游戏,而是拿出一本书来读。读完之后,我又故意当着孩子的面,和丈夫说这本书如何有意思。开始的时候,女儿听了无动于衷,但我依然坚持读书,然后当着女儿的面分享书的内容,时间一长,孩子好像觉得爸妈在讨论的都是有趣的事情,而自己却没法参与,便也拿起她喜欢的书来读。慢慢地,女儿爱上了阅读,学习成绩也比以前进步了很多。

由此我们可以了解到,要想培养孩子的阅读习惯,就要用自身的行为去感染孩子,给孩子树立一个良好的榜样。另外,值得我们注意的是,在孩子一个人阅读时,妈妈应有意识地看看书、写写东西,尽量不开电视或电脑,做到和孩子的阅读同步,也更能保证孩子在阅读时集中思想、注意力专注,取得良好的学习效果。

家庭里虽然没有讲台和黑板,却是一所爱的学校,是孩子终生学习的学校。妈妈平时少看一会儿电视、少一次应酬、少打一次牌，多读一点书、多看一份报，就是多给了孩子一次潜移默化的教育。

消除不利于孩子学习的因素

孩子学习需要一个安静的环境，如果周围的环境太嘈杂，孩子的学习效率就会大大降低。因此，如果想让孩子提高学习效率，妈妈就要将孩子学习环境周围的所有不利于因素都消除掉，让孩子跟这些不利因素隔绝开。

小姚是一个面临小升初的毕业生，学习压力比较大，而她妈妈很喜欢跳舞，只要天气不错，晚饭过后，小姚妈妈就会跟好姐妹去小区广场上跳交谊舞。每晚，当音乐响起，小区里就会飘荡着美妙而欢快的音乐。

一天，小姚妈妈下楼的时候不小心扭了脚，不得不在家休息。她偶然走进小姚的房间，发现女儿的房间正好对着小区广场，而且就从她经常跳舞的那个位置传来巨大的音乐声，听得小姚妈妈也是心烦意乱的。她还发现，女儿写作业的速度很慢，她一直在写写停停，偶尔抬头发发呆，有时甚至还会跟着外面的音乐哼哼起来。

小姚妈妈突然意识到，原来自己在楼下跳舞对女儿的学习造成了这么大的影响。认真思考之后，小姚妈妈打电话跟姐妹们商量，以后饭后相约去公园里跳舞，虽然距离远了点，却不影响孩子们写作业。

噪音会对孩子的学习造成影响，一旦发现了类似的因素，就要尽可能替孩子消除影响学习的环境噪音。当孩子在家学习的时候，妈妈要注意以下几点：

尽量不开电视，如果电视开着，就要将声音调小。

不要随意进出孩子的房间。

如果外面噪音太大，要关上窗户，或者让孩子换个地方学习。

2
玩中学：鼓励孩子在玩耍中学习和成长

自由的玩耍能为孩子提供丰富的学习和探索发现的机会。在玩的过程中，孩子用眼看、用耳听、用手做、用大脑思考，也是一种学习。

有天早晨，我送女儿去学校，在学校门口遇到了一位学生家长，她拉住我，苦恼地对我说："你快帮我出出主意，我到底要不要给孩子报辅导班呀。"原来，班主任和语文老师都建议给她儿子加加压。他们觉得她儿子比较聪明，但在班上的成绩不拔尖，可以让孩子在家里多做些题，家长多管一管学习，再报个辅导班，她儿子肯定会有特别大的进步。可这位家长苦恼的是，儿子已经在校外报了两个才艺班，再多报一个学习班，儿子根本就吃不消，但老师说的话也有道理。

这位妈妈遇到的难题，想必许多妈妈都会遇到。每当到了开学的时候，很多培训机构都会在校门口摆摊设点，妈妈们也都会蜂拥前去咨询。而老师也会建议成绩好的同学到校外参加提高班，成绩差的同学去参加补习班。在这个时候，就会有许多妈妈开始纠结，到底要不要给孩子报辅导班？报，势必会增加孩子的负担；不报，自己的孩子很有可能会落后于别人。

在今天，教育改革的问题仍然有很多，可是最重要的，还是没有回归到教育的本质，即"有动机地快乐学习"。或许我们没有能力改变大环境，可孩子是我们自己的，妈妈完全可以从自身做起，带领孩子脱离残酷的教育模式。即使是机器也不能"连轴转"，需要经常停下来，上点润滑油，更何况是孩子呢？

玩是孩子的天性，妈妈要学会引导孩子把玩与学结合起来，在玩耍中学习更多的知识，不要把"学习就是吃苦"这种观念灌输给孩子。引导孩子对学习和求知产生兴趣，他们才能把学习看成是一件好玩的事情。

让孩子在游戏中培养学习能力

妈妈应该注意的是，孩子的许多能力其实都应该从小培养，当孩子开始懂得玩耍时，他就已经开始学习和探索了。游戏对于孩子来说不仅仅是娱乐，更重要的是，在游戏过程中可以逐步开发孩子的智力，培养孩子的学习能力。

著名教育学家卡尔·威特在教育儿子时，擅长将知识融入游戏中，把着眼点放在认识事物、传授知识上。受其启发，姜女士对儿子学习知识的引导，也是通过游戏来完成的。

姜女士为了培养儿子的数学能力，使其对数学产生兴趣，她借鉴了卡尔·威特的教育方法。最初让儿子学习数学，是从数数的游戏开始。姜女士除了用口耳相传的方式让儿子去记忆数字的顺序，她还经常利用一些生活中的机会教儿子数数。比如，在给儿子吃橘子的时候，让儿子数一数橘子一共有几瓣，或者数自己的玩具、餐具、衣服的数量等。后来,姜女士又运用骰子和儿子一起玩加减法游戏。把两个骰子一起抛出,根据骰子上面显示的数字做加法或减法,比一比谁得到的数字大。儿子对这样的游戏非常感兴趣。

再后来,姜女士根据儿子在游戏中的表现,又逐渐把骰子增加到三个、四个甚至更多,慢慢地,儿子也能做到玩起来毫不费力。这样的游戏既锻炼了儿子的加减法运算,还极大地培养了他对数学的兴趣。等儿子再大一点,姜女士又利用类似的游戏来帮儿子记忆乘法口诀。她把贴纸分成两个一组或三个、四个一组贴在墙上,让儿子很直观地看到数字相乘得出的结果;然后仍然利用掷骰子的游戏来和儿子比赛,这样一来,儿子就能很轻易地记住了乘法口诀。

游戏并不是单纯地玩儿,它可以培养孩子的许多能力。妈妈们可以向案例中的姜女士学习,多花点心思,在尊重孩子意愿和兴趣的前提下,为孩子选择一些益智玩具,编排一些既有趣、又能学到知识的游戏,让孩子在游戏中学习和进步。

鼓励孩子学会玩,在玩乐中学习

不让孩子玩,无异于泯灭孩子的天性,也会让孩子失去创造的原始动力,开发孩子的创新思维也就无从谈起。这一点往往是妈妈最容易忽视的。其实,在孩子玩的过程中,妈妈能够很容易发现孩子的某些才能和天赋,从而因势利导地对他的兴趣加以培养,就可以使孩子的才能得以发展,在某些方面做出成绩。

王女士六岁的儿子已经上学,她每天的工作也很辛苦,终于熬到了周末，王女士美美地睡足懒觉，她起床打开电脑，想玩玩电脑好好放松一下。没想到一个网页还没看完，六岁的儿子就过来缠着她要出去放风筝。王女士灵机一动，从桌上拿起一本旧杂志，把上面彩色的世界地图撕成了不规则的几片，对儿子说："如果你能把这些碎片重新拼成一个完整的世界地图，并且不出任何差错，妈妈就带你出去放风筝。"

儿子一听，乖乖地捧着碎片跑开了。王女士心想，这下够儿子忙半天的了，自己终于可以安心地休息了。没想到还不到20分钟，王女士便听见儿子在他的小房间里大声地喊了起来："妈妈，我拼好了，你快来看啊！"

王女士跑到儿子房间一看，地板上果然是一幅完完整整的世界地图。"你是怎么做到的？"王女士难以置信地问道。

儿子骄傲地回答："这张地图的背面是张桌子，只要将那张桌子拼对了，地图就是对的。所以我就先拼了那张桌子然后又把纸片翻了过来。"

王女士欣喜地抱起了儿子，夸道："没错，我的好儿子，你在玩的时候能开动脑筋，真是不简单啊！走，妈妈陪你去放风筝！"

相对于大人来说，孩子的心灵更纯净，会以更简单、认真的视角和态度去对待所有事物。很多妈妈认为，自己觉得难的问题，孩子一定觉得更难，自己肯定解决不了。殊不知，孩子在面对问题的时候，会有自己独特的视角，或许在玩耍中就能将问题解决了，而丝毫没把大人所认为的难题当成负担。

其实，每个孩子都是爱学习的，因为他们对于一切未知的事物都充满了强烈的好奇心。因此,作为妈妈,不要限制孩子发现未知世界的好奇心。玩是孩子的天性,孩子的思维与想法不受常规、定式的限制,很多问题都可以用其天性来解决。

3
多配合：跟上老师的步伐，不掉队

孩子如同一面多棱镜，可以折射出家庭的养育、学校的教育以及全社会方方面面的问题。当家庭、学校和社会三方达成共识，形成教育合力时，孩子自然会展现璀璨的光芒。那妈妈和老师该如何沟通配合呢？

我有一个同事，她的女儿曾在少年宫舞蹈班里学跳舞，但不知为什么，孩子总做不对动作，经常感到很沮丧。我的这位同事曾在亚运会上获得过七项全能亚军，她深信女儿一定会遗传自己的天赋，然而看到女儿在练习舞蹈时竟然频繁出错，她感到很困惑。

孩子的教练是这位同事的大学师妹，她给师妹发了一条短信询问女儿的情况。师妹给她回复了这样的短信："师姐，你别着急，其实我特别喜欢你家宝贝……"同事兴奋地把短信读给女儿听。这之后没多久，她惊奇地发现，不论多难的动作，孩子也很少会出错了，而且不管什么舞姿都学得又快又好。

孩子上学后，每个妈妈都很在意老师对自己孩子的态度，特别希望孩子能得到老师多一些的关注。但是老师很难像妈妈一样对待每个孩子——不是由于责任心的缘故，而是由于角色不同，关注的方式也不同。老师像妈妈那样关心和爱护学生，我认为未必是一件好事，老师应当比妈妈更理智。

如果发现孩子因为没有受到老师的关注而产生失落感时，妈妈应保持冷静，运用智慧做好"补台"的工作。最简单的方式就是悄悄地与老师进行沟通。在上面的案例中，我同事对女儿学习舞蹈总出错这件事的处理方法就很好。

其实想想，我那个同事即使没有和女儿的舞蹈老师发那条短信，她在孩子面前编一个"善意的谎言"，也不失为一种教育的艺术。如果妈妈不能保持冷静和理智，情绪上流露出对老师的不满，甚至当着孩子的面发一通牢骚，使孩子对学校和老师产生成见，后果则不堪设想。

我们不能否认，妈妈与学校配合得越好，教育越容易成功。因此，在孩子面前，妈妈要极力维护老师的形象，要真心实意地用换位思考的方式做好监督和教育孩子的工作。

鼓励孩子与老师进行沟通

目前，很多学校老师的绩效薪酬与教学成绩挂钩，老师的教学压力大，存在不同程度的"厌教"情绪，这导致的最直接的后果就是加重孩子的负担，引起他们的厌学情绪。比如：一堂课内，老师需要教授的内容太多，还有很多要求：书写正确、字体规范美观、坐姿端正、书本整洁、书写速度快等。如此孩子会感到紧张、焦虑，掉队也就在所难免了。那么，孩子出现了这样的问题，作为妈妈该怎么办？要如何引导他们改变这种情况呢？方法之一，就是鼓励孩子多与老师沟通，不管有什么疑问都要主动去找老师解决。

夏美是个三年级的女生，她性格活泼开朗，成绩优秀，跟同学之间的关系也不错。唯一不足的是，她写字写得非常不工整。语文老师曾不止一次地在她的作文后批注"将字写工整"，可是她的字依然"张牙舞爪"的。

这天，语文老师在作文课上，又一次将夏美的作文当作范文做了品读，老师夸她"构思巧妙，生活意味浓厚，词语运用恰当"。在同学羡慕的眼光中，夏美获得了满满的成就感。可是，就在她沉浸于老师对自己的美誉之词的时候，老师接着说："夏美的作文写得不错，但书写不美观，像树枝一样，歪歪扭扭，希望夏美同学能改善这点，使卷面分更高一些。"忽然当众被老师批评，夏美的脸一下子就红了。接下来的时间里，老师讲了什么，夏美一点都没听进去。

下课后，夏美还一直回想着老师的批评，甚至觉得老师是故意让自己难堪，不过她知道自己的字确实写得很难看。一整天她的情绪都很低落，突然想起了妈妈曾经跟自己说过的话："老师对你们提出的要求或批评都是有原因的，如果你不明白为什么老师这么做，可以去跟老师沟通。"

放学后，夏美找到语文老师，提出了自己的问题："为什么要将字写工整，只要把作文写好，把题目做对，不就行了吗？"

老师告诉夏美："我在课上已经讲过很多次，对于语文来说，书写也是一个大要求，字写得不工整，在未来的中考和高考中，你的卷面分会让你吃亏。而且，我们常说字如其人，人们还能通过一个人写的字来看他的个性和人品。不仅如此，在未来的工作中，若你写得一手好字，更能为自己助力……"

回家后，夏美跟妈妈说了她跟老师的谈话。妈妈说她觉得老师说得有道理，而且妈妈还用自己的亲身经历告诉了她将字写好的重要性。从那以后，夏美开始重视文字书写，她的字也渐渐地有了改善。

由于孩子年龄还小，对老师提出的要求可能不理解，甚至不配合，问题如果累积多了，就会给他们的心理造成影响，进而影响孩子的学习和成长。作为孩子的妈妈，我们要正确引导他们主动跟老师沟通，尽快将问题解决掉。

和老师统一思想

孩子在学校里出了问题，不能一味指责老师。妈妈要弄清事情的前因后果，并善于站在老师的角度看问题，与老师统一思想，一起来帮助孩子解决问题。与孩子一起指责老师，只能助长孩子的劣性，使学校教育难度加大，更不利于孩子自身的成长。

小阳是一名小学五年级的学生，有些叛逆的他总喜欢挑老师的毛病，说数学老师讲课吐字不清楚，听不懂；英语老师的脸太圆，像张饼，不好看；语文老师讲完课，连手都不洗，直接就吃东西，让人感到恶心……

小阳的妈妈何女士给小阳报了少年宫的补习班，没过多久小阳几乎把各科老师都换了一遍。他还跟妈妈抱怨说："不是我不想把成绩搞好，而是我没遇到好老师。"这次期末考试，小阳又考砸了，他也感到很难过，可他只会一个劲儿地跟妈妈抱怨，说老师不管他，不关心他。

何女士知道儿子喜欢和老师对着干，考不好就怪老师，于是她和小阳进行了一次长谈，并一再告诉他："你经常和老师作对，并不代表你多有个性，而是一种特别不明智的做法。每个人都不是完美的，老师也是。一个老师面对的是几十个甚至几百个学生，不可能令每一个学生都满意，你要学着包容，慢慢地调整自己的状态来适应老师的节奏，而不是让老师去适应你。"小阳经过妈妈这一次教育，也决心不再挑老师的毛病，好好学习，努力把成绩提升起来。

  喜欢挑老师毛病的小阳，把自己在学习中遇到的挫折都归罪于老师，而没有认真反思自己对待学习的态度，这是非常不可取的。幸而小阳妈妈是个明白事理的家长，能够积极地开导教育他，帮助他认识自身的问题，提高对老师的尊敬，端正自己的学习态度。但有些如小阳一样的孩子在学校里犯了错误，受到老师的惩罚，回家后并不向妈妈如实地反映情况，硬说是老师处理不当，一些妈妈爱子心切，就偏听偏信，甚至与孩子一起指责老师，更有甚者跑到学校里与老师大吵一番，殊不知，这样做，不仅是影响了学校的教学秩序，更是带孩子走入了一条错误的路，是害了孩子。

第 8 章

好妈妈注重培养孩子立足社会的能力

1
表达力：引导孩子将想说的话说出来

苏联教育家苏霍姆林斯基曾说："语言是智力发展的基础，也是所有知识的宝库。"语言，是人与人交往的工具，是表达自己思想的工具。语言表达能力，是孩子思维和智力发展水平的一个重要标志。孩子的语言表达能力不强，无法用适当的方式表达自己内心的想法，就会很难与他人沟通、交往，所以，孩子的表达能力，不仅会影响孩子的学习能力，同时也可能直接影响到他们的健康成长。因此妈妈一定要想办法，积极引导、培养孩子的语言表达能力。

我在做培训的时候，曾遇到过这样一位妈妈，她向我讲述了自己女儿的情况。

这位妈妈的女儿名叫小雪，已经四岁了，与其他孩子相比，她性格不活泼、不爱说话，非常安静。每当小雪想要做什么事情的时候，都不能好好表达自己的意愿，总要大人猜测。上了幼儿园之后，小雪变得更不愿意说话了。幼儿园的老师曾多次告诉这位妈妈，小雪在幼儿园从来不主动与其他小朋友交流，其他孩子主动和她说话，她也是吞吞吐吐的，有时甚至会急得满头大汗，也无法正确表达自己的意思。老师也曾多次试图和她沟通，可是她连老师也不想搭理。

小雪妈妈刚对我说完，另一位妈妈也接着说道："我儿子三岁半，上幼儿园已有半年时间。令我感到万分头疼的是，孩子的语言表达能力一点都没有提高。现在我儿子也只能说出七个字左右的句子，即使是这样简单的句子，还得先由我们说一遍，然后他再鹦鹉学舌般地说出来。他只能表达出自己最简单的意愿，比如吃饭、睡觉、喝牛奶、上厕所等，除此之外，再也表达不出其他想法……"

其实，像这样表达能力弱的孩子在生活中并不少见。此外，还有一些孩子，虽然脑袋很聪明，有超出常人的智力，但是与他说话你会发现，他们似乎不能和别人进行有效的沟通和交流。这是为什么呢？

孩子没法顺利地表达自己的意愿，语言能力弱，如果经过医生检查排除先天性的原因，那就是家长没有好好引导孩子的语言表达。有些妈妈平时不注意培养孩子的语言表达能力，当孩子有表达欲望时，觉得孩子表达得太慢或不清楚，就粗暴地剥夺了孩子的话语权，主动替孩子把需求表达出来了。在这种情况下，孩子的语言表达能力自然没能被激发出来，发展受到了阻碍。

多姿多彩的语言游戏

妈妈要想更好地激发孩子的语言表达能力，平时可以多与孩子进行交流互动，跟孩子玩语言游戏是锻炼孩子语言表达能力的好方法，妈妈们可以尝试一下。

在我女儿两三岁的时候，我就开始有意识地锻炼她的语言表达能力。每天晚上，我们一家三口都会一起玩语言游戏，最常玩的就是成语接龙、绕口令等。

我还记得第一次玩成语接龙的游戏时，女儿当时年纪还比较小，我们对她的要求也不高，只要是四个字并且通顺就可以，但最初女儿仍然跟不上节拍，总是很难接上答案，不过她的记忆力很好，我们提示着跟她玩了几次之后，她就记住了许多成语。

除此之外，我们还都特别喜欢玩绕口令。绕口令也叫急口令、吃口令等，读起来节奏感强、拗口、容易混淆。如果能够有意识地挑选合适的绕口令与孩子一起游戏，不仅有助于孩子提升语言表达能力，还能使其思维敏捷，对记忆力的锻炼也大有益处。刚开始，女儿不是把自己绕晕了，就是把许多句子一连串吐出来，惹得大家笑作一团。后来，通过每天的坚持练习，女儿的语言表达越来越清晰，连比较长的、有难度的绕口令，她也能清楚地背下来。

讲故事，提高孩子的语言表达能力

日本儿童早期教育的鼻祖木村久一说过："对于幼儿，没有再比故事更为重要的了，因为孩子是这个世界的生客，这个世界对他是个无所知的世界。"实践证明，故事对于孩子的感知、注意力、记忆、思维、想象等心理活动，对于孩子个性品质的形成，都有很重要的作用。同时，故事也是孩子语言发展的"激素"，它有着曲折生动的情节，丰富而优美的语言，非常易于被孩子理解和接受，对孩子的成长起着"催化"的作用。因此，妈妈要多从生活中取材，为孩子设计适合的故事表述形式，多抽空给孩子讲故事，提高孩子的语言表达能力。

在我们家的书房里，储存着大量的识别卡片，都是女儿小时候玩过的。有的是从报纸书刊上剪下来的，也有我们亲手画的，还有的上面只有简单的几个字……这些卡片，每一张都有一个故事。

我女儿小时候，家里没有现在这么好的经济条件买这么多玩具，为了打发无聊的时间，也为了培养女儿的表达能力，我就和女儿一起做卡片。当然，做卡片并不是主要目的，而是为了我们在一起动手的过程中能够很好地培养孩子的语言表达能力。

我们自己制作的每张卡片上都有一个场景图案，我会让女儿根据图中的事物编一个故事。刚开始的时候，她只能用一两句话来描述卡片上的场景。比如，对着一张大海的图片，女儿只是简单地陈述："美丽的大海，我喜欢在海里面游泳。"

慢慢地，经过我的鼓励，她就开始展开想象，可以根据一个简单的图片或场景，说出上百个字。

看图讲故事，是我在教育女儿的时候经常用到的一种方法。不仅如此，我还经常和女儿在家里比赛讲故事，看谁讲得精彩、表情最丰富、手势做得最好……女儿现在性格活泼开朗，对需求表述准确清晰，我想这与我们的故事游戏是密不可分的。

2
阅读力：让孩子跟书成为好朋友

古人云："读万卷书，行万里路。"高尔基也曾说："书籍是人类进步的阶梯。"妈妈及时培养孩子的阅读能力，能让孩子主动爱上阅读，可以使他养成自主学习的习惯，对往后的生活学习有很大的益处。

阅读是一种终生学习的好方法，是获得知识的主要渠道，我们获取的80%的知识都是来源于阅读，所以培养孩子从小热爱阅读的习惯很重要。热爱阅读，可以使孩子受益终生。

在培养孩子阅读能力方面，我尤为推崇的就是巴金妈妈的教育方法。

巴金小时候，他的妈妈就很注重培养他的阅读能力。经常教他背诵古诗词，平常会收集一些文字优美的诗词，像念儿歌一样念给儿子听。小巴金也像学儿歌似地慢慢跟着妈妈读，尽管不明白这些诗词的意思，但却用心地学。

巴金的妈妈似乎永远也教不完她的新诗词，她用一些白纸订成小册子，把诗词抄在小册子上，然后发给巴金和几个儿女。每天晚上，巴金的妈妈都要把孩子们叫到身边，让他们站成一排，每个人手里都捧着小册子朗读。

借着家里昏暗的灯光，巴金的妈妈会用温柔的声音教孩子们读诗句。先是一个字一个字地教，然后把一整句诗词连起来，并为他们讲解每个字、每个词的含义。等他们读懂了、理解了，她就会拿出印泥，让孩子在学过的诗词上做标记。第二天晚上，巴金妈妈又会让孩子们聚集到一起，温习前一天所学过的诗词，然后再开始教新的内容。

这就是巴金最早接触文学的经历。巴金妈妈的教育毫不死板，她讲起话来总是和颜悦色，很少发脾气，巴金从来没有感觉到学习的压力和苦楚，每天都愉快地和妈妈共同徜徉在文学的海洋中，以读书为乐。

巴金妈妈用读诗的方式影响着巴金，使巴金从小就接受了文学的熏陶。也许正是童年时代的这种美好的读书经历，让巴金喜欢上了阅读，博览群书，逐渐走上了文学之路，成为世界著名的文学大师。

给孩子营造一个好的读书氛围

书向人们展示了不同的世界，在每个孩子的心中播下了一颗又一颗美好的种子。妈妈要尽量多给孩子准备各种各样的书，让他们从中了解多姿多彩的世界。认知书可以让孩子学到许多基础知识；故事书可以让孩子明白很多道理，向往美好的生活；漫画书可以带给孩子快乐……当然，书中不只有这些，书中还有更丰富的知识、做人的道理。

谈及读书，我很崇拜当代著名作家池莉对培养女儿读书习惯的做法，她创建了读书教育"三项基本原则"，其中之一就是：为孩子讲故事和阅读。

自从搬进两居室的住房，池莉就把客厅当做卧室，把最大的卧室布置成书房,女儿就在那间大书房中渐渐长大。池莉认为,无论贫穷还是富有,书都是一个家庭最好的装饰,书房是孩子成长的最好环境。

这个弥漫着书香的家,就是池莉和孩子最惬意的小窝。这里是她们的"江山",书籍则是她们的伴侣和玩具,她们彼此相处得其乐融融!

就是在这样一个书香四溢的家庭氛围中,池莉成功地教育培养出了一个优秀的女儿。她的女儿健康、大方、活泼、谦让、懂礼貌、有爱心……各方面都非常优秀,最终以优异的成绩考入了伦敦大学。

可见,一个良好的读书环境对孩子一生的发展都是有益处的。好的环境才能带给孩子更多的有利因素,使他们更健康地成长。

给孩子开辟一个书房,让他在书房里长大,是培养孩子读书的好方法之一。孩子在什么样的环境里成长,就会养成什么样的习惯。如果妈妈爱读书,经常买各种各样的书,使得家里到处溢满书香,那么孩子必然也会经常读书。

帮助孩子寻找读书的乐趣

兴趣是孩子读书最大的动力之一,要想让孩子养成读书的习惯,就要让孩子从阅读活动中感受到乐趣。因此,妈妈要在孩子心中植入读书的欲望,让他们发现读书是一种有趣的体验,以此提高他们阅读图书的积极性。

妈妈和孩子一起读书、一起讨论书中的内容,更容易让孩子发现读书的乐趣。晚上，家人还可以一起看看书，并各自就书中的内容发表言论或者感受，进行讨论。这样不但能够帮孩子记忆，还可以培养读书的兴趣。

自从我女儿上学后，为了提高她的词汇积累量，我每天都会引导她去阅读各种书籍。最初我会找来一些古诗词或者成语故事讲给她听，她很喜欢。因为朗朗上口的古诗词和有趣的成语故事最能引起孩子的兴趣。我每天都会抽时间和她一起阅读，一起学习。女儿为了能够和我比赛记忆古诗词和成语，一直都很用心地学习，也就因此慢慢地养成了读书的习惯。

后来，我还和女儿一起制定了阅读计划。每个月我们两人都会统计各自的阅读量，如果女儿的阅读量超过了我，就满足她一个心愿。

就这样，我们一起游戏，一起学习，其乐融融。我对女儿没有苦口婆心地劝说，也不曾声色俱厉地强迫她，偶尔我们还会互相吹捧几句。我会对女儿说："你真棒！未来肯定能超过老妈。"女儿也会恰到好处地拍个马屁："那是，也不看看咱是谁的女儿！"这种你追我赶的学习劲头，让女儿和我都收获了更多的知识。

3
想象力：允许孩子异想天开

21世纪崇尚创造力，将孩子培养成"创造型""开拓型"的人才，是时代赋予教育的使命。所以，妈妈要尽早为孩子插上想象的翅膀，激活和培养孩子的想象力。

我女儿还很小的时候，我就开始注重激发她的想象力，如今女儿遇到什么事情都爱发散思维想象更多的可能性，有时候她对一些问题所给出的答案会让大人都感到惊奇，甚至有时我们一时之间也想不明白答案的寓意。

一次，我和女儿在网络上看到一道题目："鱼缸里有三条小鱼，死去了两条，还剩下几条？"

女儿眼珠一转，张口回答道："一条都没有了。"

我感到很诧异，便问她："说说看，为什么一条都没有了？"

"鱼缸里本来有三条鱼，死了两条，主人会把死去的两条捞出来扔掉。此外，这个鱼缸的环境已经不适合小鱼的生长，所以主人一定会换成别的鱼缸！所以，这个鱼缸里就没有鱼了。"

"说得有道理！"我赞同地点点头。

我知道，激发孩子的想象力，需要从平常的小事做起。给孩子更多的空间，让孩子自由想象，妈妈也参与其中，对孩子创造力的提高有非常大的好处。

在平时生活中，我会非常留意很平常的小事，以此来激发女儿的想象力。包饺子的时候，女儿伸着小手，一边包，一边说："妈妈，这个饺子真好看。"

我问："那你说，这个饺子像什么？"

"元宝。"女儿张口就来。

女儿吃苹果的时候，我会说："这个大红苹果，又大又圆，真好看。"女儿接着说："像圆圆的月亮。"然后她喀嚓咬掉一口，笑着说："看，一个不太圆的月亮！"……

有时候，女儿会拿着笔在纸上乱涂乱画，我们实在看不明白，就需要问一下她："你在画什么？"这时候，女儿就会有模有样地指着图画告诉我们："这是房子，这是兔妈妈，这个是小花，这个是小草……"妈妈们不要觉得孩子异想天开，其实他们都是想象大师，在每个孩子的头脑中，都有一个丰富的世界。妈妈经常对孩子提问，就是在调动他们的脑部神经，引导他们将眼前的事物和头脑中的某个形象联系起来，实际上就是在开发他们的想象力。

利用游戏激发孩子的想象力

在生活中，妈妈在陪伴孩子的同时，要注意创设一些情境或者编排一些游戏来调动孩子的兴趣，充分激发他们的想象力。在平时生活的细节里也要留心关注孩子的行为，不束缚他们的想象力；在与孩子的交流互动中，利用一些小事情去引导他们展开想象。

妈妈要和孩子成为朋友，做孩子最信任的伙伴，鼓励孩子在日常生活中仔细观察、大胆地说出自己的想法，这对于孩子想象思维的发展大有好处。

范女士的女儿六岁的时候，想象力显得有些匮乏，范女士为此感到很担忧。有一天，范女士到学校参加家长会，听了班主任对女儿的情况反馈后，她更加意识到，培养孩子的想象力对孩子的成长也是非常重要的。于是，范女士开始着手对女儿进行训练，发掘她个性里的想象力。

从那以后，范女士就开始了自己的计划。她经常主动邀请女儿与自己就某一个职业身份玩游戏，让女儿在扮演一个社会角色的过程中，去联想自己应该做什么，怎么与别人交流；另外，范女士还经常拿出图片，引导女儿对图片上的内容展开描述；有时候和女儿一起出门，也会利用身边的事物与女儿讨论，比如说，看到天上的云朵，问女儿觉得那像什么东西，有什么样的特征……经过长时间有意识的培养，范女士惊喜地发现，女儿的想象力真的得到了激发，她能主动对很多事物展开联想，并发表她自己的观点，而且在这样的过程中，还让她积累了丰富的知识，学习成绩也大大地提高了。

保护孩子的好奇心

很多年前，牛顿就是受到苹果落地的启发，发现了万有引力。虽然每天都会有苹果掉落，但只有牛顿发现了万有引力。不是因为牛顿站在巨人的肩膀上，而是因为他有好奇心，对司空见惯的事情，他没有像普通人一样认为理所应当而视而不见，而是积极思考，积极寻找事情发生的原因。这是多么强大的思维能力！

孩子的好奇心是很强的，他们常常会问一些我们大人无法解答的问题。面对孩子的问题，妈妈即便回答不上来，也不应当粗暴地拒绝。遇到类似的情况，作为妈妈，我们应当为他们善于提问、善于观察而感到骄傲，要多加鼓励孩子，引导他们自己去寻找答案，使他们的想象力得以更好地发挥。

前段时间，我在教育频道看到这样的一个案例：

孩子："妈妈，恐龙的祖先是什么？"

孩子："妈妈，世界上是先有鸡，还是先有蛋？"

孩子："妈妈，怎么有的人丑，有的人美呢？"

……

孩子经常会问一些奇怪的、让人感到莫名其妙的问题，这说明他们对事物有强烈的好奇心，他们的智力正在发展。但是很多妈妈却对孩子的问题感到力不从心、招架不住，被孩子问得不耐烦了，就会充耳不闻甚至大声呵斥。

孩子："妈妈，你说为什么小鸟就能站在电线上？"

"我也不知道。"妈妈心不在焉地回答。

孩子："妈妈，告诉我嘛，告诉我嘛！"孩子不依不饶。

妈妈朝孩子大吼道："你是不是吃饱了撑的没事干？你以为我和你一样清闲？你要是再问无聊的问题，我就不喜欢你了。"

孩子被吓坏了，急忙对妈妈保证："妈妈，我再也不问什么问题了……"

虽然孩子经常提出的一些问题，可能在我们大人看来很无聊，但这是因为他们有好奇心，对整个世界都感到好奇，这是他们认识世界、探索世界的表现。只有保护孩子的好奇心，才能激发他们的潜能去学习、去思考、去认知。

4
思考力:引导孩子自己动脑筋

我国著名医学专家吴阶平院士认为:"人的智慧的差别,在于应用思维的能力。脑力也需要锻炼,一辈子不停地努力思考,思维能力就会不断提高。"在欧洲,很多小学一年级的学生就开始了专门的思维培训;而在中国,关于思维方面的训练课程,目前才刚刚开始。思考力强的孩子,在生活和学习中才能得心应手,才能在将来的生存竞争中立于不败之地。因此在家庭教育中,妈妈一定不能忽视对孩子思考力的培养。

窦女士的女儿上四年级时,为了能让女儿不落后于其他同学,窦女士也给女儿报了奥数班。女儿在奥数班学习非常用功,每天都要专门抽出一个小时的时间来做奥数题,然而她却做得又慢又吃力。老师教过的内容,虽然她可以照葫芦画瓢般地做出来,但题型稍作调整,她就不会了。女儿所在的奥数班分快班和慢班,老师通知窦女士,她女儿几次考试成绩都不好,建议把她女儿调到慢班去,慢慢跟上学习进度。

周末,窦女士带着女儿去见老师,女儿拉着老师的衣角说:"老师,您别把我调到慢班,我一定好好做题,下次一定好好考。"看到这个情景,窦女士的眼泪都快流下来了。老师对窦女士的女儿说:"我知道你非常用功,也很听话,但是要想进步,不仅要刻苦,还得多动脑筋,掌握做题的方法,提高自己的思维能力。"窦女士听了老师的建议,说服了女儿转到慢班。到慢班后不久,窦女士观察,发现女儿做作业不再那么吃力,有时候很快就能写完,还能留出更多的时间预习新的内容,她为自己做了正确的决定而欣慰,否则很有可能会影响到女儿的健康发展。

从上面这个案例中,看到孩子有这样的遭遇,估计妈妈的心都快碎了。窦女士对孩子的担心和焦急,我们都能感同身受。不过,那位老师说得也没错,"不仅要刻苦,还得多动脑筋",也就是说,不仅要勤奋,还要善于思考。

保护孩子的质疑之心

妈妈不要以成人的眼光来看待孩子的质疑,应该站在孩子的角度来理解他们提出的问题。好问也是孩子的天性,他们对周围的事物有浓厚的兴趣,会以兴趣为基点去琢磨和研究新事物,从而发现问题,学到知识,甚至会着手进行一些发明创造,因此,聪明的妈妈一般都会保护孩子的质疑心。

孩子爱提问、爱质疑,正是好奇心和求知欲的外在表现。孩子向妈妈发问的过程,就是一个探索、学习的过程,问题得到了解决,他们就学到了知识。孩子只有对知识和学问怀着质疑的热情,才会努力地通过各种途径去寻找答案,在这个过程中,他们不仅能获得更加丰富的知识,还锻炼了思考能力和解决问题的能力。因此,一定要保护孩子的质疑之心。

季女士的女儿对许多事物都有很大的好奇心。五六岁的时候，季女士每个周末都要把她带到郊外去，让她接触和观察大自然。有时候，季女士还会捉来一些昆虫，用浅显易懂的语言，教给她昆虫方面的知识。遇到自己也不懂的问题，季女士便会诚实地告诉孩子："这个问题我也不知道，我们一起到网上找答案吧。"

有一次到吃饭的时间了，女儿却还没有回家，季女士出去找她，发现她正一动不动地半蹲在一个鸡蛋上。季女士很纳闷，问她为什么要这样做。女儿说："母鸡就是这样孵小鸡的，我想看看自己能不能孵出小鸡来。我拿了一只鸡蛋，估计一会儿就可以孵出来了。"

季女士听了大笑，但她立即意识到自己的态度是错误的。于是，季女士先肯定了女儿善于观察和学习的精神，然后给孩子讲解了母鸡孵鸡蛋的原理。女儿听了后，才放下鸡蛋，乖乖跟着季女士回家吃饭了。

还有一次，女儿放学回到家后对季女士说："妈妈，今天老师讲的有个地方不对。"季女士放下手中的报纸，饶有兴趣地让孩子说来听听。原来，女儿学了《麻雀》一文，老师说这篇文章表现了伟大的母爱，可是她却认为，文章从始至终都没有提到过麻雀是雌的，所以她怀疑老师的说法是错误的，因为文章中的麻雀也有可能是"爸爸"。

季女士觉得孩子的话有道理，于是表扬了她敢于质疑的精神。

善于提问题，是孩子好奇心的体现。孩子提出质疑，说明孩子对问题产生了兴趣并进行了思考。我们要重视孩子的提问，保护孩子的求知欲。一味压制孩子的质疑心，孩子的思考能力就不会得到发展，甚至会渐渐消退。

给孩子的思考创造情境

孩子未来能否成才,最关键的还在于妈妈能否从小就对孩子进行有效的思考力锻炼。事实证明,世界上的优秀人才都善于思考。所以,作为妈妈,在培养孩子的时候,一定要巧妙运用各种方式,启发孩子不断思考,引导他们发挥自己的思考力,让孩子变得更优秀。

鲍女士的女儿和同龄孩子比起来,思考力很强,这并不是因为女儿天赋异禀,而是因为她从小就重视培养女儿的思考力。

在女儿小的时候,鲍女士发现女儿很喜欢听故事,于是她就利用故事对女儿进行启发,鼓励她多动脑筋,发散思维。鲍女士每次给女儿讲故事的时候,只把故事的开头、过程讲清楚,而不会直接将结局告诉女儿,反而会启发式地问她:"你想想看,故事的结尾会怎样?"

鲍女士让女儿通过故事情节去想象故事结局会是什么样的,还要她说明为什么会有这样的结局,并鼓励她说出两个以上的不同结局,最后才告诉女儿故事原本的结局是什么。

女儿在鲍女士的训练下,思考问题的方式越来越开阔。

不是每个孩子都喜欢听故事,当遇到不肯听故事的孩子时,我们完全可以利用在故事结尾设置悬念的形式引导孩子去展开思考,让孩子在听故事的乐趣中动脑思考问题,孩子会乐此不疲,不至于产生厌烦心理,这是锻炼孩子独立思考能力的好方法。

此外,妈妈还可以利用一些益智类的图书或游戏,来为孩子创设一些问题情境。在孩子积极动脑思考去解决问题的时候,他们的思考力也就提高了。

第 9 章

好妈妈要给孩子高尚的品格

1
自信：不要过分轻视自己

每个人的心里都有一幅自画像，能够客观公正地评价自己、相信自己、认可自己，才能成为最好的自己。美国哲学家爱默生曾说："人的一生正如他一天中所设想的那样，你怎样想象，怎样期待，就拥有怎样的人生。"同样，对于孩子来说，相信自己是最棒的，才能真正成为最棒的孩子。所以，身为妈妈，要鼓励孩子学会自信。

我们家楼上，住着一对爷爷奶奶和他们八岁的小孙女，女孩的爸爸妈妈都在外地上班。平时，女孩经常和我女儿一起玩，因此两家人来往比较密切。

一天晚上，奶奶带着孙女来我们家串门，两个女孩子叽叽喳喳地闹腾了一会儿，就去书房玩儿了。"真羡慕你家孩子，又聪明又好学，我孙女除了玩儿的时候活泼一点，学习上简直就是一窍不通。"奶奶对我说，"她的数学成绩很差，昨天晚上她做了一张数学试卷，有三道应用题不会做。我给她讲了一遍，她没听明白；我又讲了一遍，她还是没听懂。我都有些不耐烦了，讲到第三遍，孙女才弄清楚那些题怎么做。"

孩子们刚好下楼，奶奶还在叹着气说："这孩子怎么可以这么笨，这么简单的题都不会做！"孙女听到了奶奶的话，低着头默默走开了。

我想说这位奶奶是真的错了，她挫伤了孩子的自信心。孩子在听到"你真笨"的时候,就会像被霜打的茄子,变得蔫了。而且这位奶奶还是一个急性子,一点儿耐心也没有,结果越是着急骂孩子,孩子就越容易产生自卑。要想培养出自信的孩子,大人就要有爱心、耐心和恒心。

古希腊哲学家苏格拉底曾说:"一个人能否有成就,只看他是否具备自尊心与自信心两个条件。"自信心对于孩子的成功,起着举足轻重的作用,拥有了自信心,就等于成功了一半。

让他们相信自己是最好的

对于做事缺乏自信心的孩子,尤其是那些自卑感特别强的孩子,妈妈就要指出他们的闪光点,不断肯定他们的微小进步。在面对困难和挫折的时候,更要引导他们进行积极的自我暗示:"我能行。""我再努努力就会做好的。""我不会被困难吓倒。"如此,他们就能更加相信自己。

我曾经在网络上,看到过这样一则故事:

某小区有这样一个男孩,他是一名高中生,不但成绩优秀,性格也很好。美中不足的是他的左脸上有一片特别醒目的胎记,从眼角一直延伸到嘴角,颜色青紫,猛然一看特别吓人。但是男孩从没有对此有过任何自卑或自惭形秽的想法,他每天总是面带笑容、泰然自若,老师和同学们都喜欢他。

有一次,一位奶奶在小区遇到他,因为平时比较熟,就问了他一个特别敏感的问题:"为什么你脸上的胎记没给你造成任何影响呀？"男孩对这位奶奶说："这对我来说不算什么大事的？从小我妈妈就告诉我，在我没出生之前，她向上帝祈祷，希望上帝赐给她一个与众不同的孩子。上帝听到了她的祈祷，在我出生的时候，让天使吻了吻我的左脸，做了一个标记。这样，妈妈才可以在众多婴儿中准确地把我接到家。从此我的脸上留下了天使的吻痕，这是幸运的标记。我妈妈是这样告诉我的，所以从小我就对自己的好运气深信不疑。很多陌生人第一次见到我，脸上都会露出惊讶的表情，我都把它解读为羡慕。我是上帝送给爸爸妈妈的最特别的孩子，因此我特别努力，怕浪费了上帝赐给我的好运，这么多年来，我感觉自己一直在受到命运的垂青。"

听了男孩的回答，这位奶奶顿时特别佩服这位有智慧的妈妈，男孩本来脸上长了胎记确实比较"不幸"，但妈妈的心理暗示和成功引导让他成为一个健康、自信、优秀的孩子。男孩有一位爱他、又有智慧的妈妈也的确幸运！

妈妈的鼓励是孩子自信的源泉

"这个世界上，只有你能欣赏我。"这是一句孩子说给妈妈的心里话。也许自己的孩子不够聪明、不够优秀，但在每个妈妈的眼里都是独一无二的，如果妈妈能够用独特的眼光去欣赏和鼓励孩子，他们也许就能够活出自己的精彩人生。妈妈的认可和鼓励，对孩子的一生有着至关重要的影响！

我曾经看到一篇很感人的文章，对我的触动很大。给大家摘录

第9章 好妈妈要给孩子高尚的品格

几段：

在儿子的第一次家长会上，幼儿园老师对我说："你儿子有多动症，在板凳上连三分钟都坐不了，你最好带他去医院看一看。"回家的路上，儿子问妈妈："老师都跟你说了些什么？"妈妈鼻子一酸，差点儿流下泪来。全班30位同学，她儿子表现最差，老师不喜欢他。然而，妈妈只是微笑着告诉儿子说："老师表扬你了，说你原来在板凳上坐不了一分钟，现在已经能坐三分钟了，进步很快。"

儿子上小学了。在一次家长会上，老师对男孩的妈妈说："这次数学考试，全班总共50位同学，你儿子排第40名，可能他的资质差一些，更需要努力才行。"回去的路上，妈妈流下了泪。然而，回到家里后，她却对坐在桌前的儿子说："老师对你很有信心。老师说，你并不笨，只要细心些，一定能超过你的同桌，这次你的同桌排在第21名。"说这话时，她发现儿子的眼睛一下子充满了光，沮丧的脸也舒展开来。

到儿子上中学时，又在一次家长会上，妈妈坐在儿子的座位上，等着老师点儿子的名字。因为每次家长会，她儿子的名字都在"差生"行列中被点到。然而，这次却出乎她的预料，直到结束她都没听到儿子的名字。她有些不习惯，就去问老师，老师告诉她："按你儿子现在的成绩，要想考上重点高中有点危险。"妈妈怀着喜悦的心情走出校门，他发现儿子在等她。路上妈妈扶着儿子的肩，心里有一种说不出的甜蜜，她告诉儿子："班主任对你很满意，他说：只要你努力，很有希望考上重点高中。"那年，儿子果然考上了重点高中。

最后，儿子顺利地考上了重点大学。

这个故事中的妈妈把一个普通孩子甚至可以称得上是"问题孩子"的儿子塑造成了一个自信、自强、奋发向上的有为青年，作为一个妈妈来说，确实是巨大的成功。试想，如果遇到同样的情况，换成另一位不分青红皂白上来就责骂的妈妈，是否能成就同样一个人呢？还是只能眼睁睁地看着孩子慢慢走向自暴自弃？

2
乐观：不要陷入悲观的泥泞

罗兰曾说过："开朗的性格不仅可以使自己经常保持心情的愉快，还能感染周围的人，使他们也觉得人生充满了和谐与光明。"乐观与消极，是一个矛盾共同体，此消彼长。要想让孩子的生活充满阳光，就要鼓励他们用积极乐观的心态来拥抱生活。一个人用什么样的态度去面对生活，就能拥有什么样的人生！

每个妈妈都想让自己的孩子拥有乐观的个性，美满的人生，但是生活中总会有些孩子喜欢用悲观的眼光看世界。每个孩子都会出现心态消极的时候，有的孩子能迅速恢复愉快的心情，而有的孩子则会深陷其中，不能自拔。当孩子因某件事陷入痛苦或忧虑时，我们应该及时想办法帮助孩子摆脱消极的情绪，让他重新拥有幸福感知力。

在一个炎热的午后，焦虑的彭女士来到我的咨询室。她告诉我说：昨天晚上她的孩子在饭桌上发表了一段感言，让她和孩子的爷爷奶奶都感到非常担心。

彭女士的儿子十岁，在读小学五年级，和妈妈、爷爷、奶奶一起住。由于爸爸经常出差，于是，抚养孩子的重任就落在彭女士和爷爷奶奶身上。昨天晚上吃饭时，孩子突然发出了一声感慨，说："妈妈，我真的不想上学了，作业太多，烦死人了。"

每当彭女士听到这个经常提到的话题，就很无奈，不知道怎么样去回应。

我告诉彭女士,她儿子是处在一个比较消极的情绪中,而这不只是学校布置作业太多使得孩子产生厌学、消极的心理,作为家长,也有责任为孩子疏导压力,培养良好的心理。如果孩子嫌作业太多,那妈妈应该告诉他,学校给布置作业是为了巩固每天学习的新知识,而不是为了让孩子辛苦、不能去玩耍。学习好了,将来才能立足于社会。让孩子明白道理,孩子才不会对不理解的行为产生厌恶的心理,帮助孩子摆脱消极的情绪。

用乐观的心态面对生活

歌德曾说过:"家庭和睦是人生最快乐的事。"而我们应该明白,家庭和睦不仅代表不争吵,更代表着乐观和爱。

孩子的模仿能力极强,妈妈的言行会严重影响孩子的习惯,甚至妈妈的优点与缺点他们会一并吸收。如果妈妈是悲观主义者,孩子就会受其影响以悲观的态度面对问题。因此,如果希望孩子具有乐观的品性,就必须先改变自己的思想与行为方式。妈妈不仅要尽量在孩子面前表现出平和、愉悦的情绪,营造快乐的家庭气氛,更要有一颗乐观豁达的心。

我有一个朋友,我对他印象特别深刻,每当在生活中遇到问题的时候,我总会想起他。

在我女儿两岁那年。有一次,我带着女儿跟他们一家三口吃饭。当时,我女儿正牙牙学语,喜欢自己吃饭,但每次都把自己周围吃得乱七八糟。反观，朋友的妻子一口一口地给她的儿子喂饭，她儿子则低着头，在纸上用彩笔画一个又一个圈圈，偶尔发出一两句只有他妈妈才听得懂的话。

  这男孩长得很可爱，从身高来看，大家都会以为他是个一二年级的学生，但实际上他还在上幼儿园。他是一个自闭症患儿。他妈妈温柔地对我说："他已经进步很多了。现在，我们可以带他到公众场合吃饭。以前都不太敢带他出去，因为担心会吵到别人。"有时，男孩会做一些很可爱的动作，发出尖叫，妈妈就会轻声说："喂，太高兴了哦。"

  朋友告诉我："自闭症患儿这种病没药医，就不用一直吃药、开刀了，孩子也少受些折磨。我把他当成正常的孩子来养育，珍惜和他在一起的每一天。"

  朋友这一家的情况，本应愁云惨淡，然而他们的心态却异常乐观。他们一家一直在我记忆的深处，激励着我要做个乐观的人。后来，由于工作的关系，我们来到新的城市，虽然工作烦琐而忙碌，每天都要拖着疲惫的身体回家；虽然办公环境很差，领导不重视我，同事不认可我；虽然……但我每次都会想起乐观的那个朋友一家子，然后不断告诉自己："要乐观点儿！"

  所以，不管每天自己有多忙多累，只要一回到家，我就不会在孩子和丈夫面前抱怨，一直以最乐观的态度出现在他们面前。很幸运，女儿也一直受我潜移默化的影响，成长为一个对任何事物乐观的孩子，从不曾对未来感到恐惧。

教孩子用积极乐观的态度面对不如意

孩子在成长的过程中，难免会遇到各种各样的不尽如人意的状况，如果不加以引导，孩子就会陷入逆境，产生消极情绪。因此，作为妈妈，一定要利用自己的智慧，巧妙地去帮孩子正确面对和处理生活中的不如意。

在现实生活中，许多困难是经过努力就可以克服的。当孩子受到重大挫折的时候，我们不能不闻不问，更不能对孩子一味指责和埋怨，应该及时对他们做出疏导，帮助他们认识挫折并分析挫折产生的原因，进而正确理解挫折。同时，还要让孩子充分认识到自己的优缺点，明白挫折本身并不可怕，最重要的是要学会正确应对，这才是成功的关键。

倪女士的女儿在一所重点小学的实验班上学，成绩优异，考试第一名是家常便饭，大家为她起了个绰号"永远的第一名"。

可是，这个绰号被叫了几年后，却在小升初的考试中戛然而止。倪女士的女儿小升初的考试竟然考砸了，原本很有希望上重点中学的她，只能上普通中学了。

在得知自己分数的那一刻，倪女士的女儿伤心地哭了。她躺在床上想：完了，一切都完了。她恨不得打自己几下。

倪女士看到女儿伤心难过的样子，温和地说："谁的人生之路都不会一帆风顺，挫折在所难免，对于坚强乐观的人来说，失败更能磨炼意志。我相信你，只要用乐观的心态去面对这次失败，你就可以战胜它。"

听完倪女士的话，女儿沉思了一会儿，想到了曾在书上看到的一句话：生活中，总会遇到许多的小失败和小挫折，只要不放弃，继续快乐地生活，乐观地面对失败和挫折，你就是生活的强者！

之后，倪女士的女儿继续发奋学习，在妈妈的帮助下，她还制定了合理而周密的学习计划，一步步地实践着，各科成绩都进步得很快，初一上半学期考试时，她的成绩在年级里已经名列前茅了。最后，通过不懈的努力，倪女士的女儿最终顺利升入了高中。

在孩子遇到挫折时，妈妈可以用鼓励的话语、乐观的微笑、赞许的目光来增强孩子面对挫折的勇气。如此，孩子就能知道：挫折和失败，没什么可怕的，这次失败了，下次再努力就行；只要战胜了挫折，就是胜利。

3
友好：不要嫉妒他人

嫉妒之心，每个人都有，只不过有的人严重，有的人轻微罢了。一般来说，爱嫉妒的孩子情绪一般都变化快，可能他前一秒还兴高采烈地玩耍着，片刻之后就会咬牙切齿地打人、骂人或搞恶作剧。孩子的嫉妒心，虽然不像成人那样容易引发问题，但是时间长了，也会引发行为障碍。嫉妒心强的孩子更让妈妈担心，因此，正确地疏导孩子的负面情绪，是妈妈亟须关注的问题。

我有一个同事，她的女儿玲玲已经六岁了。一个周末，我和另外一位朋友，带着她三岁的儿子去玲玲家做客，玲玲妈妈热情地接待了我们，并开心地逗朋友的儿子玩耍。刚开始，玲玲也挤过去跟小弟弟玩，但没过多久，她就有些不高兴了，因为看见自己的妈妈抱着小弟弟又亲又笑，一点也没有放下的意思，她觉得受到了冷落。

于是，玲玲开始大声唱歌，但没人注意她；接着，她又在客厅里跳起了自己最擅长的舞蹈，发现还是没人搭理她。玲玲终于忍受不了他人的漠视，将自己的杯子使劲扔到地板上，坐在地板上放声大哭。玲玲妈妈觉得很尴尬，我告诉她，这是孩子的一种情绪宣泄，她有嫉妒心，很正常，但一定要及时地矫正孩子这种善妒的心理。

于是，玲玲的妈妈拉过她，一手抱着同事的儿子轻轻交到玲玲怀里，对她说："你看，弟弟多可爱呀，他还小，又是我们家的客人，你和妈妈作为主人，都有责任要照顾好弟弟，你愿意和妈妈一起照顾好客人吗？"玲玲转着眼睛看看弟弟，又看看妈妈温柔的眼睛，终于点点头答应了。

嫉妒是一种不良的心理状态，在与他人比较的时候，如果发现别人在某方面比自己强或者比自己更受重视，有的孩子就会产生出羞愧、不满、怨恨、愤怒等情绪。但对于心理发展不成熟的孩子来说，只要引导得法，这种心理也不难克服。

虽然嫉妒是一种正常的情绪反应，但妈妈也不能对此听之任之、放任不管。因为一旦形成了习惯，孩子的嫉妒情绪就会演变为人格的一部分。同时，孩子嫉妒心过强，也容易受外界的刺激，产生诸多不良情绪，对身心健康也非常不利。不仅如此，如果不能很好地调整这种嫉妒心，等到成年以后，就会很难协调与他人的关系，影响个人在社会集体中的发展。

告诉孩子要保持平常心

不难发现，爱嫉妒别人的孩子，大多心胸狭窄，对于别人优于自己的地方，不能以平常心对待。针对这种情况，妈妈应当引导孩子要把心胸放宽一些，把眼光放长远一些。当然，更要客观地看待别人的长处和自己的不足，保持一颗平常心。

小丽是一名初中二年级的学生，她性格活泼开朗，因为学习成绩不错，老师便任命她为学习委员。但因为她心胸狭窄、嫉妒心强，所以她与其他同学的关系一点都不好，多数同学也不愿意配合她的工作，为此她曾气哭过好几次，还试图要"辞职"。

小丽的妈妈了解她的个性，针对此事，专门与她谈心，但效果并不理想。于是，在一个周末，小丽和妈妈一同来到我的咨询室，了解了她的基本情况之后，我告诉小丽："每个人都不是完美的，都有自己的长处和不足，我们要正视别人的长处，客观看待自己的不足。对于别人的长处我们要给予肯定并且谦虚地学习，而不能因为嫉妒而产生不好的思想，我们只有做到取长补短，这样才能让自己变得更优秀，别人才能更加佩服你……"

我的一番话，让小丽陷入了沉思，她开始反思自己的行为，慢慢地把心结解开了。从那次与我的谈话之后，她开始正视周围的同学，正视他们的长处和成绩，并诚恳地对待他们。渐渐地，同学又都愿意和她交往了，而她的成绩也在不知不觉中提高了。

孩子有了嫉妒心，妈妈是最好的心理导师。因为，类似于这种心理，孩子一般都不会与同学、同伴讲，更不愿意主动找老师谈心，如此妈妈就成了孩子的最好的心理辅导老师，因此妈妈主动发现孩子的心理问题并开导孩子，对孩子的健康成长是非常必要的。

引导孩子树立正确的竞争意识

嫉妒心强的孩子一般都争强好胜，在与人交往的过程中，相互竞争，会使他们产生嫉妒心理。其实，嫉妒心也是促使孩子进步的一大利器，但嫉妒心过于强烈，任其发展，孩子就容易形成一种扭曲心理：心胸狭窄，喜欢贬低他人，喜欢通过排挤他人来取得成功。

所以，妈妈应该教育孩子正确地认识竞争，让他们明白：对手不是仇人，嫉妒不是要强，要学会欣赏他人、赞美他人，分享他人的快乐。

方女士深知现在的社会竞争日益激烈，为了不让女儿在竞争中被淘汰，就运用各种方法鼓励女儿参与各种竞争，而她的女儿也很争气。

女儿上六年级的时候，班里转来一位品学兼优的孩子，他的成绩比女儿更出色，老师很喜欢他。在一次月考中，女儿考了第二名，而那位新同学考了第一名，一向位居榜首的女儿自然无法接受这个现实。

女儿气呼呼地回到家，方女士问她生气的原因，她一五一十地将事情的原委说了出来。

方女士劝她说："与其嫉妒你的新同学，倒不如努力超过他，这位同学的身上肯定有比你优秀的地方，你应该把他作为竞争对手，和他进行一场'君子'般的较量。"

女儿疑惑地说："我们是竞争对手，竞争是你死我活的，谈什么君子？"

方女士看着她，笑着说道："对手也可以是朋友，可以相互学习，在相互竞争、相互切磋的过程中，不断提高自己……"

在方女士的引导下，女儿终于有了正确的竞争心态，她主动与新同学交朋友，向他讨教学习方法，两人有不同意见的时候都会互相讨论。作为竞争对手，两人每次考试总是前两名不相上下。

对于孩子来说，处处争强好胜固然不好，但在充满竞争的社会大环境中，孩子将来必然要为进入好学校、参加各类竞赛活动而和同伴展开竞争。过于淡化孩子争强好胜的意识,可能会使他将来在这个充满竞争的社会中处于劣势状态。因此,引导孩子树立正确的竞争意识非常重要。

4
慷慨：不做自私的人

乐于分享和帮助他人是一个人需要拥有的最基本的素质，没有人喜欢和冷漠自私的人打交道。自私而冷漠的人，在以后的人生道路上很难得到他人的关心和帮助。因此，作为妈妈，一定要让孩子远离冷漠自私，学会关心、关爱他人。

我的一个同事是一位单亲妈妈，为了孩子不受委屈，她硬是一个人辛辛苦苦地将孩子拉扯到十来岁。但她和我聊起自己儿子的时候总是止不住叹息：

"我儿子一点儿也不懂事，不体贴我。我感冒发高烧，他却不闻不问，就好像跟他没啥关系似的。昨天夜里，我烧得厉害，让他帮我倒一杯水，喊了四五声他都没动。后来，他见我生气了，才不情愿地给我倒了一杯水，还嘟囔我，嫌我打扰他玩游戏了。

"有一次，我带着他去超市买东西，回来时两只手都拎着沉重的东西。身高已经快一米五的儿子，走在前面两手空空的，不但不帮忙，还嫌弃我走路慢吞吞的，像蜗牛一样。吃饭的时候，他总会把自己最喜欢的菜摆在眼前，在外面吃饭也是，喜欢吃的就猛吃，完全不顾他人的感受。他喜欢吃的、玩的东西连我都不准碰，更别提跟别人分享了。想买什么东西，也不考虑家庭的经济状况，一定要买，不然就生气。有时候，我忙得顾不上吃饭、睡觉，可是儿子从来也不知道主动帮忙。

甚至还不断给我惹事……"

我相信，不仅是我同事，可能很多妈妈都遇到了这样的熊孩子，自己累得要死要活，自己在床上病得一塌糊涂，可是平时我们千宠百爱的孩子，却像没事儿人一样，该干吗还干吗，对自己是不闻不问。

这样的孩子，就是自私、冷漠，不懂得关心他人的孩子。关心他人是培养孩子道德品质的内容之一。然而，现在的孩子大多数都是独生子女，家里一堆人围着一个孩子转，以孩子为中心，孩子天天感受着"人人爱我"的滋味，缺少"我爱他人"的体验。久而久之，孩子变得狭隘、自私、冷漠，不会关心自己以外的人和事。

因此，妈妈不仅要教孩子学会生活，学会学习，更要教孩子学会关心他人，培养孩子关爱、友善等良好品质。

教育孩子把东西分给别人一半

有教育家主张首先要教孩子"把东西分一半给别人"，这个"一半"并非指数量上精确的二分之一，而是让孩子学会分享。有些孩子之所以不愿与人分享，是因为他觉得，分享就是失去。妈妈要让孩子明白：分享是互利。分享体现了自己对别人的关心和帮助，别人可能也会回报自己同样的关心和帮助，这样彼此关心、爱护、体贴，大家都会很快乐。

我女儿在上小学的时候，她的班级开设了"图书角"，班主任号召大家把自己的书拿出来和同学们交换阅读，分享图书资源。可是放学回家后，女儿却一脸的不高兴。我问她为什么不高兴，她说有个同学拿了一本《格林童话》，她很想看，可又怕交换图书后，同学将她的书弄坏，所以就没有换到。知道原因后，我温和地对女儿说："你不必担心，即使你交换出去的被损坏了也没关系，我们可以再买。但是如果自己不付出，不与他人分享，也得不到被人分享出来的乐趣。"在我的鼓励下，女儿决定明天就把自己的《小王子》拿去与同学交换她喜欢的《格林童话》。第二天放学后，女儿高高兴兴地把她喜欢的图书换回来了。

分享是孩子获取快乐的途径。一个乐于分享的孩子，能够更顺利地与人交往，也能够交到更多的朋友，更加受欢迎。

利用故事告诉孩子自私的后果

每个人都有自私心理，孩子也不例外。如果孩子在懂事以后表现出来自私的心理特点，妈妈一定要给予足够的重视，要多引导孩子学会宽容，学会有广阔的胸襟，让孩子知道自私的后果，变得乐于分享，知道为他人着想，明白关心、帮助他人的同时也会给自己带来快乐。

在教育女儿要学会分享、不能自私的时候，宋女士反复使用了一个童话故事，在此分享给大家：

夏天到了，十只猴子相约一起去后山的桃园摘桃子吃，每只猴子都背了一个小箱子，浩浩荡荡地就出发了。到了后山，它们就开始摘桃。有的往高处爬，有的去远处找，都努力寻找成熟的桃子。有只叫小斯的猴子，非常狡猾，它不肯爬高也不肯绕远，却想出一个主意。它对其他猴子说："大家都去摘桃子了，没人往回运，不如大家把摘的桃子都运到我的小箱子里吧。"猴子们想了想，觉得也有道理，这样大家摘完了，就可以直接回家了。于是大家都把各自摘的桃子交给小斯，小斯再把桃子放到它的箱子里。

桃子摘得差不多了，猴子们纷纷从树上下来，问小斯："桃子都放好了吗？"小斯拍拍胸脯说："放心，都放好了！每个箱子都装满了。"其实，小斯将最大最好的桃子都放在了自己的箱子里，将剩下的分装到其他箱子里，而且只是铺满了箱子底，最多也就十来个。

回去的路上，猴子们各自背着箱子，排成队地往家走。其他猴子都很轻松，只有小斯走得很辛苦。可是，它不敢声张，抢着走到前面，装作轻松的样子，生怕其他猴子发现它的秘密。山路又陡又滑，小斯累得气喘吁吁，一个不小心，箱子就把它压得往后倒下。箱子摔烂了，桃子顺着山坡滚向山谷，猴子们这才发现原来小斯箱子里装的都是大桃子。

大家都没有作声，回到山下，都各自拿出自己的桃子来吃。虽然拿回来的桃子都不大，但是个个都很甜。只有小斯一个桃子也没有，大家也都不再理它。

我们知道，自私的孩子和这只猴子没多大差别，都是只顾自己的利益而不顾别人的利益，还爱耍小聪明，甚至损人利己，这样自私得到的物质利益，要么是搬起石头砸自己的脚，要么是品尝不到快乐，交不到朋友。

5
诚信：不要让孩子成为"小骗子"

诚实守信是一个人受用终身的资本，每个妈妈都希望自己的孩子养成这样的好习惯。但有些孩子在很小的时候就学会了撒谎，无论妈妈怎样批评、教育，效果都不明显。如果是这种情况，妈妈就要自我检讨，看看问题是不是出在自己身上，有没有给孩子树立反面的形象。

星期天，小明的妈妈正在洗手间做面膜，外面传来门铃声。妈妈让小明去开门，并教他说："不管是谁，你就说我不在家。"小明按照妈妈的要求去做了，之后客人就离开了。

客人走了之后，小明不解地问妈妈："妈妈，你明明在家，为什么要对客人说不在？"妈妈用手拍拍自己的脸，说："没看到我正忙着吗？我不想被别人打扰！"

从那以后，这样的事情又发生过几次，小明便从心底意识到：撒谎是一种应付的技巧，不是什么大错，于是他也渐渐地开始用这种小技巧应付别人了。

有些孩子一开始很诚实，但是诚实的后果往往是遭到批评和责骂。所以，慢慢地，他们会变得很"聪明"，学会利用撒谎来进行"自我保护"。

小宁的妈妈向来信奉"棍棒教育"，小宁面对她的时候总是战战兢兢。一天中午，小宁想出去买胶水，但妈妈在睡觉，为了不影响妈妈休息，他就从妈妈的口袋里拿了十元钱。

妈妈醒来后发现钱少了，问小宁："你是不是拿我的钱了？说实话，我就不打你。"小宁以为只要自己将实情告诉妈妈就可以不挨打，便点头承认了。可是，听到儿子偷拿自己的钱，小宁妈妈怒火中烧，还没等小宁解释，就照着小宁的屁股打了几巴掌。

在这个案例中，小宁妈妈不仅食言还误会了他，下一次遇到同样的情况，小宁为了不挨打，肯定不会再说真话了。所以说，孩子的谎言往往是被大人逼出来的。

除此之外，孩子撒谎的原因还有很多。但是，无论出于什么原因，妈妈都要积极地想办法去引导，找出孩子撒谎的真正原因，做好沟通，"对症下药"，同时要注意自己的言行，做到以身作则，让孩子改掉撒谎的坏毛病，养成诚实守信的好习惯。

教孩子诚实守信

守信用是人的立身之本，妈妈应当加强对孩子的诚信品质教育，从小就教育孩子守信用、负责任。妈妈也应从小告诉孩子，言而无信的人不会有真正的朋友，因为他们不值得信任。

田女士是个十分注重家庭教育的妈妈，她的女儿从小就被她教育要做一个守信用的人。但田女士觉得，自己之前做得也不太好，在孩子的诚信教育方面，她说还是得益于多年前的一位外国朋友。

几年之前，田女士的女儿才两三岁，一位外国朋友应邀到田女士家做客，那位外国朋友带着她八岁的女儿来了。那天田女士突发奇想，说道："今天我给你们做西餐，你们尝尝我这个中国人做的西餐好不好吃。"

这个外国女孩特别机灵，她一想，田女士做西餐肯定不好吃，就说："我不吃，不用给我做了。"

"你确定吗？"她的妈妈问道，"你要对你说的话负责任，宝贝！"

"当然了，我确定。"外国女孩说道。

后来，田女士做好了西餐，将冰淇淋端上来的时候，外国女孩的眼睛就亮了起来："哇，这么好看，看到就想吃。"她说："田阿姨，我要吃冰淇淋。"但是，因为这个外国小女孩事先说了不吃，而田女士是按份做的，正好没有做小女孩的，所以田女士便说："好，那你吃我的这份吧。"

没想到，田女士的提议被外国朋友严厉拒绝了，她说："不，我女儿今天说过她不吃，所以她今天不能吃。"外国小女孩急了，赶忙说："哎呀，我现在特别想吃冰淇淋，一定要吃冰淇淋。"外国朋友还是不同意。小女孩哭了起来，可是她妈妈还是不让吃。不管孩子如何闹腾，外国朋友坚决不让她吃，一点商量的余地都没有，并且严厉地告诉女儿，每个人都要为自己说的话负责，在阿姨提出做西餐之前你已经明确表示自己不吃，所以你现在吃了，就是你刚才说的话不算数了，是不是你自己不守信用了。女儿听了这番话，知道自己错了，乖乖地点头，不再闹着要吃冰淇淋。

身为妈妈，我们有责任去教育孩子承诺别人的事一定要兑现。如果有一些事情确实兑现不了，经过再三努力仍没有做到，就要诚恳地向对方说明原因，并表示歉意。

给孩子树立诚信的榜样

　　孩子是否有诚信在很大程度上取决于妈妈的教育,对于孩子出现言行不一、不履行诺言的行为,妈妈应该予以重视,努力找出原因,进行合理引导,只要方法得当,孩子就能形成诚实守信的意识。

　　蓝女士以前和儿子的关系一直很融洽,可后来蓝女士发现儿子却处处防着她,不管她说什么,儿子都会用怀疑的眼光盯着她,且一声不吭。蓝女士想不明白到底是哪里出了问题。

　　一天早晨,蓝女士送儿子上学。在路上,儿子看见卖风筝的,便闹着让妈妈买,并央求妈妈星期天带她去广场放风筝。蓝女士着急上班,便答应儿子说:"好的,你在学校乖乖的,妈妈下班给你买。"

　　下午放学时间,儿子看见妈妈空着手来接他,失望地问:"我今天在学校表现得很好,老师还表扬我了,你为什么没给我买风筝?"蓝女士不耐烦地说:"星期天再说吧,现在要送你去姥姥家,晚上我还有应酬呢。"

　　看到这里,相信很多人都会明白,蓝女士一定是因为经常敷衍孩子,才失去了儿子对她的信任。事实就是这样,那天,儿子委屈地对蓝女士说道:"妈妈,你答应我的事情,你总是变卦,但我明明按照你说的要求做到了,你一点都不靠谱,我以后再也不相信你了。" 蓝女士听了顿时醒悟,原来,儿子与自己的关系越来越远,永远对别人抱着防守的态度,问题是出在了自己的身上。蓝女士为了弥补自己的过失,也为了兑现对孩子坚守诺言,带着儿子去买了他想要的风筝。

要培养孩子诚实守信的品质，妈妈首先要做到言行一致。孩子的模仿能力很强，很容易受到某种行为的暗示。如果妈妈言行不一，不履行承诺，孩子就会受到暗示，跟着模仿。例如，如果答应了孩子星期天到公园玩，就一定要去。但如果遇到临时有事的情况，也要先考虑事情重不重要，若不重要，就要坚守诺言；如果事情确实比较重要，那么一定要向孩子说明情况，并在短期内补上去公园的活动。

第 10 章

好妈妈不包揽孩子所有事务

1
解放双手：引导孩子提高动手能力

手是身体上重要的感觉器官，让孩子从小多动手是促进孩子智力发育的良好途径。爱迪生在儿童时期就开始自己动手制作实验器材。正是从小就养成了这样的好习惯，才促使他发明了电灯、留声机等物品，改变了人类生活。虽然并非每一个孩子在将来都能成为科学家，但让孩子拥有良好的动手能力是十分重要的，能够让他们更好地去面对生活和工作。

从女儿小时候起，裴女士就很注意对女儿动手能力的培养。例如，在为女儿准备举办派对招待小伙伴之前，裴女士会和女儿一起制作有趣的食物，作为给伙伴们的惊喜。比如，用香蕉做成各种小动物，这是女儿非常得意的一门"手艺"，她们把这叫做"香蕉变身"游戏。

对于孩子来说，学习手工是非常必要的。裴女士会通过"装扮娃娃"的游戏，激发孩子对针线的兴趣。在女儿眼里，再没有比布娃娃更有趣的玩具了。当裴女士第一次指导女儿为她喜爱的布娃娃缝制带有蕾丝镶边的围巾时，她欣喜若狂。

后来，女儿还缠着裴女士为布娃娃缝了一套礼服。裴女士让女儿当"裁缝"，而她是"裁缝"的助手。就这样，女儿在很长一段时间里都十分迷恋"装扮娃娃"游戏，有时甚至还会接受一些小"订单"，为其他孩子的娃娃缝制衣服。

不要代替孩子动手

很多妈妈对孩子过于宠爱,恨不得任何事情都替孩子做了,但包办的教育方式常常会让孩子的动手能力得不到发展,进而影响孩子的各个方面发展。

小光的椅子坏了,他在努力地摆弄着,但是花费了将近一个小时,都没有把椅子修好,他不得不向妈妈求助:"妈妈,我的椅子坏了,你快帮我把小椅子修好!"

宋女士低头看了一下椅子,笑着说道:"小问题,我相信你可以把椅子修好。"

"妈妈,我试过了,不行。"小光低头说。

"你用了螺丝刀吗?"妈妈问。

"没有!"小光老实地回答。

宋女士说:"你先把螺丝刀拿过来,我教你怎么做!"

小光拿来螺丝刀,宋女士说:"这里有个小孔,看到了没有?"宋女士用手指着小孔。

"看到了!"小光说。

宋女士接着说:"很好,现在把螺丝钉放在小孔里……慢慢地,用螺丝刀把它拧紧……"

最终,小光自己修好了椅子,宋女士直夸小光厉害,动手能力很强。从那以后,小光可以自己修理小椅子、小桌子了,有时候家里别的小家具坏了,小光也要抢着去修理……

在这个案例中,小光花费了将近一个小时也没把椅子修好,他向妈妈求助，希望妈妈可以帮他把椅子修好。知道了小光的难题之后，宋女士为小光提供了帮助，可是她并没有直接把椅子修好，而是一步一步地指导他去完成。如果宋女士自己动手修理椅子，那么修椅子所花费的时间远比小光自己修理花费的时间要少得多，但是宋女士并没有这么做。

因为宋女士知道，让孩子自己动手修椅子，远比修好一把小椅子重要得多。事实也是这样，小光不仅学会了修椅子，还锻炼了自己的动手能力。

由此可见，孩子遇到困难需要妈妈帮助的时候，妈妈可以为他们提供帮助和引导，但尽量不要代替孩子去完成。代替孩子去完成孩子的事情，看似省了时间，久而久之，反而是害了孩子。

给孩子动手的机会

现在的妈妈都特别重视孩子的教育，只可惜因为不懂得怎样去教育孩子，在有意无意当中剥夺了孩子的许多成长机会。比如，孩子吃的橘子、鸡蛋、苹果等食物，都是妈妈事先去了皮的，甚至还切了块，只是为了让孩子吃起来更方便，且不会遭遇什么危险。

其实，妈妈不能为了方便而为孩子阻隔掉许多自己动手做事的机会。天天家有个大花园，里面种植着各种植物，玫瑰、月季、草莓、桃树等。星期天，阳光明媚，天天的妈妈朱女士拿着一个小水桶在花园里浇水。正在一旁玩耍的天天看妈妈忙前忙后，既好奇又兴奋，扔下手中的玩具，就跑了过去，满怀期待地说："妈妈，我来，我要帮您浇花！"可是朱女士却说："宝贝，你还太小，会把衣服弄脏、弄湿的，还是我来吧。"看到妈妈不同意，天天耷拉着脑袋去玩自己的玩具了。

　　妈妈应该知道，在为孩子提供方便，免去他们辛苦的劳动的同时，不仅剥夺了孩子亲手实践的机会，还剥夺了孩子克服困难的成就感，甚至会让孩子养成害怕挫折、不思进取的习惯，从而影响孩子一生。因此，我们不能剥夺孩子亲自动手的机会，更不能让孩子一直充当温室里的花朵，要多给孩子创造动手实践的机会，让孩子更健康地成长！

2
端正意识：鼓励孩子参加各种劳动

如今，不爱劳动的孩子越来越多。小时候，妈妈舍不得让孩子劳动；上学了，孩子功课紧张，妈妈更舍不得让孩子劳动了；结果，孩子长大了，也不懂得为妈妈分担，更不懂得为别人分担。妈妈要知道，其实，不爱劳动的孩子，长大后很可能会出现各种性格缺陷。

意大利著名儿童教育家蒙台梭利说得好："儿童的快乐在于完成对他的年龄来说是伟大的工作；他真正的满足是对手头的事情付出最大的努力；他的幸福在于用最好的方式进行于身心有益的活动；他的身心和精神力量来自于练习和获得生活经验。"做家务并不是一件无关紧要的事情，妈妈要重视起来，引导孩子从身边的家务做起，培养孩子的劳动意识。

临近放学，凌女士急匆匆地赶到校门口，跟其他等待接孩子的家长发起了牢骚，说自己忙了半天做家务，而自己闺女长大了，也不会帮着分担一些家务活，负担一点儿也没减少。听到凌女士的感慨，其他妈妈也是有感而发，纷纷附和。其中有一位妈妈叹了口气，说道："我家儿子也是不喜欢做家务。一听到让他帮忙做家务，他不是装作没听见，就是找借口逃之夭夭。自己的房间他从来不知道收拾，东西到处乱丢，还要我给他收拾。其实，孩子小时候，见到我做家务还喜欢来掺和，不过很多时候都是越帮越乱，于是我就会让他到一边去玩儿。现在，儿子大一些了，我想让他做点家务，锻炼锻炼他的独立生活的能力，可他却不愿意做了。"

我还经常听到有些妈妈这样抱怨："我家孩子总喜欢帮我做事，但总把事情搞砸，我宁愿他什么都不做。"……孩子动手能力很差的时候，总会让妈妈感到厌烦。但是，如果不去锻炼孩子动手做事情的能力，等到孩子长大了，他就会缺乏劳动的能力，或者因为"懒"惯了，而不愿意去劳动。这时候，就会听到妈妈抱怨："我家孩子太懒了，什么都不帮我做，都这么大了还是不懂事！"那妈妈们想想，造成孩子不体贴、懒惰个性的根源又是什么呢？

妈妈首先要树立正确的劳动观念

我们从小就知道，劳动最光荣，但是米女士一直认为，她的儿子小小是个男孩，和家务活沾不上边。她经常说："好男儿志在四方，怎么能在家务活上浪费时间？"

这一天，小小从幼儿园回家，拿起扫把就想打扫客厅，米女士急忙把扫把抢过来，说："我的小祖宗，你怎么拿起扫把了？男孩子不用做这些，快去玩吧。"

小小噘起小嘴，说道："不行，老师说了，每个人都应该参加劳动，劳动是光荣的。我要扫地。"小小说得有模有样。

米女士笑道："我知道你是个乖孩子，想帮妈妈，不过，打扫地板不是男孩子应当做的事情，你只需要知道怎么做就可以了。"

说着，米女士开始讲解："打扫地板之前，最好先洒洒水，避免灰尘到处飞扬，可以保护我们的肺。洒完水后，用手抓住扫把的中间……"妈妈讲得很仔细，小小也听得很认真。

但是，在幼儿园里，小小还是唯一一个不会扫地的男孩。

这个案例中的妈妈米女士持有一个错误的观念，那就是她认为男孩跟家务活丝毫扯不上关系。其实，做家务活是锻炼孩子能力的主要途径之一。正所谓"一屋不扫，何以扫天下？"要培养一个志向远大的孩子，妈妈更应该从身边的小事开始教起，根据孩子的年龄，对孩子进行早期的劳动教育，培养孩子自力更生的意识，让孩子拥有一双勤劳的双手、养成吃苦耐劳的精神。

放手让孩子去做力所能及的事情

我国著名的教育专家陈鹤琴先生说："凡是孩子能做的事情应该让孩子自己做。"因此，在日常生活中，我们要本着"大人放手，孩子动手"的原则，培养孩子的自理能力，让他们多做一些力所能及的事情。大人可以根据孩子的兴趣和能力因势利导，通过具体、细致的示范，由易到难，教给孩子一些劳动的技能。

在女儿两岁多的时候，杨女士就开始尝试要她自己穿衣服、戴帽子、穿鞋。戴帽子比较容易，但穿鞋有点难。女儿总是分不清左右，每次杨女士都会耐心地等在旁边，指导她应该怎么穿。

看到杨女士的做法，刚开始的时候，婆婆非常不理解，说："哪有你这样的妈妈啊，孩子那么小，就要她这样自己穿衣服穿鞋子的，你也不知道心疼吗？"

即便如此，杨女士每次都会给婆婆解释，但从来没有帮过女儿。

在杨女士的训练下，女儿三岁时就能自己吃饭、洗脸、刷牙、穿衣服、上厕所……等到上幼儿园的时候，女儿已经完全可以自理了，比很多同龄的小朋友动手能力都强。

杨女士还记得女儿第一天上幼儿园放学的时候，老师特别惊讶地对她说："你家宝宝自理能力简直太强了。"

女儿长大后，杨女士就开始让她尝试做更多的事情，四岁洗袜子，五岁倒垃圾，八岁学做饭……如今，女儿已经十几岁了，放学之后，都会自己洗衣服，帮妈妈收拾家务。

"父母之爱子，则为之计深远。"既然爱孩子，就一定要为孩子的将来打算。古人尚且明白这个道理，生活于现代的我们怎能不懂？

3
给予重视：尊重孩子的劳动成果

在生活中，我们经常教育孩子要尊重他人的劳动成果，要求孩子不要这样、不能那样，而我们对孩子的劳动成果给予尊重和重视了吗？不尊重孩子的劳动成果，是很多妈妈不经意间都在做的事情。想要培养孩子的劳动意识，就一定要对孩子的劳动成果给予应有的尊重。

一大早，小凡兴高采烈地跑来告诉季女士："妈妈，我折了一只小白兔，你看！"说着就将手中的小兔交给妈妈。季女士正忙着整理屋子，头也不抬地说："好，你先把它放在桌上吧。"

结果，季女士在擦桌子的时候不小心把那只纸兔子碰到了水盆里。见此情景的小凡赶紧去盆里捞纸兔子，可是，纸兔子浸在水里之后再被捞起就不成样了。看着面目全非的纸兔子，小凡哇哇大哭起来，不停地说："我的小白兔，我的小白兔，是你把它弄坏的，你太讨厌了！"

季女士不高兴地说："不就是一只纸兔子吗？我再给你折一只不就行了？"

"不要！我要自己折！你把我的小白兔弄坏了！"小凡不依不饶地边哭边说。

看着哭个不停的小凡，季女士觉得真是不可理喻，便没有再说话。其实，季女士这样的做法，不仅破坏了孩子的劳动成果，更是不尊重孩子的表现，如果季女士没有及时觉悟，可想而知，她会与孩子的关系越来越不融洽，不仅影响孩子的健康发展，更影响家庭的和睦。

有些事情在我们看来根本就不重要，但在孩子的心里却是完全不同的。即使是一个不起眼的折纸或一幅歪歪扭扭的画，只要是孩子通过自己的努力做出来的，就是他的劳动成果，对于他来说有着特殊的意义，并希望得到大人的认可。这个时候，妈妈的认可和鼓励一定会给孩子最好的激励，使他们更加珍惜和认可自己的劳动成果。

引导孩子正确认识劳动

劳动是光荣的事情，也是每个人必须掌握的、赖以生存的技能。妈妈要让孩子认识到这一点，正确看待劳动，并鼓励孩子参与各种各样的劳动。掌握了更多的劳动技能，就意味着掌握了更多的生存技能。

姜女士的女儿小时候经常帮她做家务，非常勤快，可是后来长大一些之后，无论姜女士让女儿做什么事情，她都拖拖拉拉的不愿意去做。

姜女士问："你为什么不喜欢劳动？以前你还是很喜欢帮助我做家务活的。"

女儿垂下头："我讨厌劳动，这样很丢脸。"

"你为什么会这样认为呢？"姜女士继续问。

女儿沉默了一会儿说："上课时犯了错，老师就让我们干活，说是用劳动惩罚我们，所以觉得很烦。"姜女士终于明白了原因。

晚上，姜女士端了一盘炒扁豆说："味道真是棒极了。"女儿尝了一口，感觉和以前没有什么区别。

姜女士说："是吗？我觉得很好吃，因为这是我自己种的，自己种出来的东西总是特别好吃……"姜女士还趁机告诉女儿，劳动是最光荣的，如果不劳动，我们就会什么都没有，生活中的每一件事物都离不开劳动，不要因为老师惩罚学生做劳动，就认为劳动是很丢脸的事情。

后来，在姜女士的引导下，女儿自己种了胡萝卜。收获了自己种的胡萝卜后，她感觉这胡萝卜特别美味，因为这就是自己劳动的成果。

慢慢地，女儿又重新爱上了劳动，认识了劳动的意义，不再觉得劳动丢脸，而是认为劳动很光荣，无形中就养成了热爱劳动的习惯。

由此可见，当孩子已经开始动手做家务、具备了一定的劳动意识的时候，妈妈千万不要吝啬自己的赞美，更不要拿劳动作为惩罚手段，以防止孩子对劳动产生厌恶。无论孩子做的如何，都要及时送上赞美之辞。这样做，既是对孩子劳动成果的尊重，也是培养孩子爱劳动的有效方法。

欣赏并珍惜孩子的劳动成果

当孩子动手做事情的时候，妈妈对孩子劳动成果的欣赏和珍惜，其实是一种精神奖励，会给孩子带来很大的推动力。因此，想要培养孩子热爱劳动，妈妈就需要用肯定和欣赏的态度，以表示对孩子劳动成果的重视。一旦孩子有了成就感，自然就更加热爱劳动了。

柴女士的儿子已经八岁了，是个非常懂事的孩子。一次，柴女士和朋友外出办事，由于事情紧急，必须先解决，但又担心耽误儿子在家没人照顾，吃不上饭。下午的时候，她接到儿子打来的电话。儿子在电话里说，他已经把米饭焖上了，正在炒菜，叫妈妈不用担心他。

柴女士听到儿子这么说时，心里的石头终于落下，明白自己平时没白费功夫教育儿子。一个八岁的小男孩，居然懂得在妈妈没有回家的时候主动做饭！朋友问柴女士是怎么做到的，柴女士说，儿子上小学后，她在做饭时会把儿子叫到厨房，让儿子学着动手做饭；有时候如果下班太晚，她就会打电话让儿子去试着做饭。慢慢地习惯了，儿子回家看大人不在，就会自己做饭吃。

柴女士和朋友一起回到朋友家后，小家伙已经做好了香喷喷的米饭，还炒了两个菜。朋友看到儿子这么能干，夸儿子不仅米饭蒸得香，就连炒菜水平也提高了不少。吃饭的时候，朋友足足吃了两大碗，说柴女士的儿子做的饭菜太好吃了，让她自己都吃撑了。

看到的朋友这么给力的支持，柴女士的儿子特别开心。

4
母子同行：和孩子一起劳动

苏联教育家苏霍姆林斯基认为："体力劳动对于小孩子来说，不仅是获得一定的技能和技巧，也不仅是进行道德教育，而且还是一个广阔无垠的惊人的丰富的思想世界。这个世界激发着儿童的道德的智力的审美的情感，如果没有这些情感，那么认识世界（包括学习）就是不可能的。"大人跟孩子一起劳动，孩子不仅能更快地掌握具体的劳动方法，还能感受到亲子协作的乐趣，会更加热爱劳动。

胡女士有一对龙凤胎，已经十多岁了。过去胡女士在北京上班，把两个孩子放在老家。后来到了快上小学时，她把两个孩子接到北京，安排他们在离家不远的一所小学借读。为了弥补自己对孩子们的亏欠，胡女士什么家务活都不让两个孩子做，把所有事情都揽了过来，连收拾筷子、洗碗这些小事都不让孩子们插手。

孩子们脱下脏衣服想自己洗，只要胡女士看到了，总会一把抢过来，然后让他们去看电视。

吃完饭，孩子们想收拾碗筷，胡女士会将他们推离餐桌，督促他们去休息。

出去玩时，孩子们想自己拿东西，胡女士会将东西都背在自己身上，孩子则"一身轻"。

……

久而久之，两个孩子认为妈妈为自己所做的一切都是理所当然，任何事情都不愿意帮妈妈一把，形成了懒惰的性格，对此，即使胡女士累得不行，也无可奈何，认为是自己以前对孩子的亏欠。

像胡女士那样娇惯孩子，绝不是真正的爱，而是溺爱。望子成龙的愿望，疼爱孩子的心情，促使胡女士甘愿包揽一切家务。但这样做，容易适得其反。孩子是独立的个体，他们也有参与劳动的热情，尤其喜欢跟妈妈一起做事。因此，妈妈一定不要让孩子做个旁观者，要让他们参与到劳动中。

让孩子懂得为家人分担

妈妈教育孩子时，不妨采取这样的引导方式，让孩子把做家务活当成一种有趣并且有益的事情来完成，让他们因为帮助了妈妈而产生一种自豪感。慢慢地，孩子就会真正爱上做家务，对家庭的责任感也会逐步建立起来。

一天，我在翻教育杂志的时候，看到这样一个小故事：

科尔是"二战"后德国任期最长的总理，在他任职期间德国实现了统一。

在科尔年幼时，父亲收入不高，全家人必须省吃俭用才能维持生活。科尔的外婆去世后，给他们留下了一所房子和一块面积不小的土地，可这并没有改变家里的窘迫。虽然有了土地，但必须辛苦劳作才能有所收获，妈妈感到力不从心，劳动力缺乏的状况也凸显出来。

一天晚上，科尔妈妈将孩子们叫到客厅，说道："孩子们，今天我想和大家商量一件事,爸爸白天要上班,农活都由我打理,但活实在太多,一个人根本忙不过来。再说我的身体也不好,我想让你们分担一下家务,让我有时间能休息一下。"

还没等妈妈说完,哥哥就懂事地站起来表示愿意帮妈妈分担。妈妈很高兴,看着其他孩子微笑着说:"孩子们,你们愿意承担起部分力所能及的家务吗?"

小科尔说:"妈妈,我想玩,不想做什么家务。"妈妈没有生气,而是问:"你爱妈妈吗?"

"当然爱妈妈啦。"小科尔回答。

"那就好,妈妈既要照顾你们,又要在田里工作,非常辛苦,如果你爱妈妈,应该帮妈妈做一些事情,做完了再去玩。"小科尔愉快地答应了。

故事中的妈妈让孩子们明白了:帮助家人干些力所能及的事,是爱家人的表现。每个人都是家庭里的一分子,大家要互相爱护、互相帮助,即使是小孩,也应该在家庭中分担自己力所能及的小事,这样不仅利于孩子的动手能力的培养,更有助于家庭氛围的和谐。

给孩子为家人服务的机会

妈妈舍不得让孩子吃苦,总是费尽心思地为孩子服务。可是,孩子往往并不"买账",他们不会因为妈妈无止境地付出而心存感激。其实,我们完全可以换个角度锻炼一下孩子,让孩子为家人服务,使他们懂得感恩父母。

童女士有一个女儿，她对女儿呵护有加，但却从不溺爱孩子。在生活中，她总是会想办法给女儿提供劳动机会。

一天晚上，童女士满脸疲惫地回到家。白天为了迎接上级检查，公司领导布置了很多任务，以至于他们连午饭都没有吃。童女士见女儿在客厅玩，丈夫在厨房里做饭，于是坐在沙发上，有气无力地对女儿说："宝贝，今天妈妈很累，去帮妈妈把拖鞋拿过来好吗？"女儿玩得正起劲儿，虽然有点不情愿，可是看到妈妈疲惫的样子，还是跑到鞋柜前，将拖鞋拿了过来。

接着，童女士又说："宝贝，过来，帮妈妈捶捶腿！"女儿说："妈妈，等爸爸做完饭给你捶吧。我还要玩玩具呢。"童女士装作很伤心的样子说："宝贝，你长大了，应该是妈妈的依靠呀，你不爱妈妈吗？"女儿听到这句话，立刻跑过来给她捶腿。

丈夫从厨房里端着菜出来，看到这一幕，高兴地说："闺女表现很不错，以后有你照顾妈妈，我出差就放心了。"

女儿得意地晃晃小脑袋，小拳头捶得更有劲儿了。

我相信，这才是真正的爱孩子！无数的经验告诉我们，只知怜惜孩子，不舍得让孩子做事情，不是真正的爱，而是走入了爱的误区。一定要舍得让孩子为家人做事，让他们懂得为家人服务，这样才能培养出真正有爱心、有担当的好孩子。

舍得是一种教育智慧，今日的"舍"，才能有明天的"得"。

第 11 章

好妈妈善于教会孩子守规矩

1
上下楼梯：安全第一

安全问题重如泰山，尤其是对孩子们来说，若是缺乏安全教育，其他的教育就无从谈起。安全问题是一个永久的话题，危险时时刻刻都存在，即使在家或学校里也存在很多安全隐患。因此，我们在提升安全设施、加强安全管理的同时，也要对孩子加强安全教育，使他们懂得维护自身安全的重要性。

曲女士带儿子去超市买东西，下楼梯时，儿子觉得一个台阶一个台阶走太慢，就往楼梯的扶手上一坐，滑了下去。由于滑得太快，冲到栏杆底下的时候，儿子没有停住，一下子摔到了水泥地面上。幸亏保安在栏杆下面，看到一个男孩滑下来，迅速过去用手扶了一下，才使得曲女士的儿子不至于摔得更严重。

"哎呦！哎呦！"儿子一边痛苦地叫着，一边用手揉着膝盖。曲女士扶起儿子，看到儿子的裤子被蹭破了一个窟窿，膝盖上也擦破了一层皮。

"不是告诉你上下楼梯要慢走吗？怎么能把栏杆当滑梯滑？下次可要注意啊！"曲女士有点生气，可看到儿子痛苦的样子，又不好发火。

其实，曲女士平时确实比较少对儿子做相关的安全教育，如果在儿子往下滑之前，她能及时告诉儿子，乘坐电梯必须要注意安全，不能从扶手滑下去，那样不仅违反了公共安全秩序，更会让自己付出很大的健康代价。

上下楼梯安全的重要性不言而喻。孩子由于年龄小，对一些可能会发生的危险没有预见，这就要求家长一定要做好监护，时刻盯紧自己的孩子，在他们做出不文明或者违反公共秩序的行为时，要及时制止，避免危险发生。

楼梯上不推搡，不打闹，不逗留

由于年龄的关系，孩子的自我保护意识一般都不强，安全知识非常欠缺。当一些危险事件真正发生时，会有许多孩子因不能选择正确的处置方式而发生伤亡事故，这着实令人心痛。例如日常生活中离不开的电梯，就常有安全事故发生，因此妈妈要明确告诉孩子上下楼梯的注意事项，如：靠右慢走，不推搡，不打闹，不逗留。

顾女士的女儿放学回到家，一脸凝重的样子。顾女士问起原因，女儿没回答，突然大哭起来。

顾女士安抚了女儿一会儿，她才渐渐止住了哭声，说道："妈妈，放学的时候，楼道人比较多，后面有几个同学一直在打闹，不知道谁用力一推，很多人都摔倒了，我当时已经走到楼梯的拐弯处了，可还是被绊了一下，很多同学都受伤了。"

因为之前经常会在新闻报道中看到类似的踩踏事故，顾女士听了女儿的话就紧张起来，赶紧大致为女儿做了全身检查。庆幸的是，女儿仅仅是腿上破了一层皮。但是仔细想想，真的很令顾女士后怕。

自那以后，顾女士就经常告诉女儿一定不要在楼梯上打闹，教她怎样注意楼梯安全，避免出现更严重的后果。不仅如此，顾女士还经常给女儿讲各种安全知识，拿身边的例子讲给她听，提高她的安全防范意识。

上下楼梯时出现踩踏事故已经发生过很多起，家长和学校以及社会一定要予以重视，杜绝此类事件的发生，将孩子们的受伤几率降到最低。

电梯上玩耍要不得

如今，电梯这种便民设施为大家提供了很多方便，但同时它也给人们带来了一些潜在的危险。安全意识欠缺、使用电梯不规范甚至恶意损坏电梯等，很容易让事故发生。

电梯事故只是当下公共安全问题的一个方面，除了在技术层面修复安全漏洞之外，让人们对公共安全重建信任的问题也不容忽视。这片笼罩在大家头上的阴云，终究还是要靠每个人提升安全意识来拂散。因此，为了减少楼梯和电梯隐患给人带来的伤害，妈妈要强化孩子对电梯安全隐患的认识，一定不能让孩子在楼梯和电梯上打闹、玩耍。

我有一次去超市购物，乘坐电梯的时候，看见过这样的一幕：

一位妈妈带着两个孩子乘坐手扶电梯，大一点的七八岁，小的五六岁。两个孩子在电梯上不停地打闹，一会儿跑着上去，一会儿又从另一部电梯上跑着下来。让人感到不解的是，那位妈妈竟坐在电梯旁边静静地看着两个打闹的孩子，脸上还带着微笑。

看到这一幕，我着实为这两个孩子捏了一把汗。如今电梯事故一再发生，"吃人电梯"已经成为日常生活中最常见的安全隐患。

2014年9月14日晚，某大学一男生乘坐教学楼电梯，被电梯卡住窒息身亡。

2015年7月26日，妈妈牵着儿子，从六楼乘手扶电梯上七楼。两人走出上行梯面，脚下踏板突然垮塌，母子两人双双卷入。危机时刻，妈妈一把将儿子托出"黑洞"，自己眨眼间被电梯吞噬。

2015年7月27日上午，广西某广场手扶电梯发生伤人事件，一岁多的小孩被电梯卷入，手臂受伤，后被送往医院。

……

现代生活里离不开电梯，它大大便利了我们的生活，但它也很有可能会随时化身恶魔，甚至会威胁我们的生命，孩子本身对危险一无所知，需要妈妈经常普及一些安全知识，告诉孩子什么不能做，为什么不能做，才能保障孩子的身心安全。

2
公共场合：要保持安静

古人言："仓廪实而知礼节，衣食足而知荣辱。"但眼下的中国却并非如此。如今，人们的生活越来越好，消费力越来越强，但常常给人"富而不贵"的印象。这在孩子和成年人的身上都有体现：玩游戏不排队，争先恐后；在博物馆、美术馆，大声喧哗；在地铁车厢里，随意跑动嬉戏；对机场工作人员或者其他行业服务人员呼来喝去……大人难道没有教过他们吗？他们的家教去哪里了？

桂女士的女儿甜果是个淘气的孩子，爱玩爱闹，而且不分场合，经常会影响到别人。

一次桂女士带着甜果去听音乐会，进音乐厅之前，她一再告诫甜果，要遵守音乐厅的规则，不能大声喧哗，不然台上的叔叔、阿姨就会分散精力。甜果一再点头答应，并保证自己不会随便说话。

演出开始一段时间，甜果没有发出一点声音，安静地坐在座位上听音乐。可是没等第三支乐曲演奏完，甜果就有些坐不住了。她扭着小屁股，东张西望，时不时地对妈妈说话。看到甜果不安分的样子，桂女士就小声提醒她，不要影响演出。

甜果只好又忍了一会儿，开始找各种理由，一会儿要上厕所，一会儿要喝水，而且声音越来越大，最后竟大声地嚷着要回家。甜果的行为严重影响了演员和观众，最终被工作人员请出了音乐大厅。

中国是个文明古国、"礼仪之邦",宣扬的是一种讲"礼"的文化,中国人自古尚礼,并且,礼仪与文明相连,礼仪代表的是文明的程度。因此,孩子应该成为礼仪文明的星火传承者,而不是终结者。

像甜果这样在公众场所大喊大叫的行为,从表面上看缺失的是礼仪,深究其内因,则是家庭教育的缺失。妈妈们应为此深思,我们该如何教育孩子懂礼仪、讲文明,及时纠正孩子肆意乱叫的不良行为。

不妨碍他人是一种美德

有的孩子在公众场合随心所欲地大呼小叫,可能是因为他走出家门,在陌生的环境里有些不适应;也有可能是出于好奇心,对没有见过的东西好奇,感到惊奇不已……面对孩子的这一特性,妈妈要耐心教导,多给孩子讲解关于文明的故事,利用做游戏、讲故事等方式来教育孩子要讲文明、懂礼貌,遵守规章制度。面对孩子在公共场合大肆喧哗这一不文明的行为,妈妈一定要及时制止和纠正。

葛女士的儿子七岁,理应是调皮捣蛋的时候,可是他却非常懂事,俨然一副小大人模样,身边的大人们都很喜爱他。

一次,葛女士和几个朋友聚会,大家都带着孩子,而且几个孩子的年龄都差不多。在饭店里,孩子们一直打闹,而葛女士的儿子却十分懂礼貌,不仅不喧哗,还教育弟弟妹妹说:"我们不要在这里打闹,别人都在吃饭,打扰别人就不好了。"

朋友们都表示很羡慕葛女士,在问及她的教育秘诀的时候,她只是说了一句:"在他很小的时候,我就告诉他要做一个有公德心的孩子,在公共场合不能大声喧哗，并一直要求他坚持这样做，而且我们也会以身作者，给孩子做好榜样。"

在任何一个文明的国度，大家都会依礼办事，讲文明、懂礼貌、尊重他人。由于年龄的问题，孩子对于社会公德并无很强的意识和自我约束能力，但妈妈仍要持续向孩子灌输一些公德意识，要让孩子切身体会到社会是个大家庭，我们身为其中的一员，个人言行不能妨碍到其他人，要学会尊重他人、友好相处，增强公德意识。

约束孩子的吵闹行为

很多孩子的社会公德意识淡薄，究其原因是家庭的教育不到位，或者说大人没有起到带头作用。小孩是家长的一面镜子，在生活中，大人怎么做，孩子就怎么学，如果大人的言行不端，孩子也会有同样的行为。

有一次我坐飞机到广州，在我后面坐着一家三口。一路上，我身后的孩子都在不停地踢我的椅背，多次提醒无效后，我对大人讲："你们为什么放任孩子踢椅子而不管他呢？"坐在旁边的妈妈说："孩子只有三岁，不懂事，你如果介意就去买一架私人飞机！"然后，孩子的爸爸妈妈齐上阵为孩子的行为辩解。

"三岁的孩子难道就不需要教育吗？"我说，"如果只关心自己的孩子，对他所有的打闹视而不见，而让他的行为影响到其他人，这是不负责任的行为。即使是小孩子，在公共场合也应该遵守相应的规则，否则孩子养成习惯后，是难以再改正的……"

我给那一家人上了一堂课，尽管他们根本听不进去我的话。我希望每个带孩子出门在外的家长都能事先考虑到在旅途中可能发生的事。要想到孩子可能会无聊、吵闹，妈妈可以提前准备好水、零食、玩具、书等，让孩子打发无聊的时光，尽量避免孩子过于吵闹，影响到别人。在公共场合，妈妈一定要求孩子遵守公共礼仪，并以身作则，在孩子出现不遵守规则的情况后，要略施惩罚，以示警醒。

3
他人物品：非请勿动

对于年龄小的孩子来说，他们眼中的世界都是"我"的世界：妈妈是"我"的，看得到的所有东西都是"我"的。他们不知道每个东西都是有主人的，不知道未经允许拿走别人的东西是不对的，完全没有所有权的概念。因此妈妈一定要帮孩子建立物权意识，引导他们区分自我和他人的界限，并告诉孩子："自己的东西可以自己支配，别人的东西不能拿。想拿别人的东西，一定要征得别人的同意，不能偷偷拿，更不能抢。"

妈妈要告诉孩子："别人的东西不能拿。"这样做，就能让孩子学会区分"你的""我的"，而"我的"东西一定归我支配。这种概念的区分，是孩子养成良好品格和心态的基础。

小明是一个一年级的小学生，一天放学后，他被老师留下了，并要求他妈妈来学校接他，老师向她小明妈妈反映了一个严重问题：课下小明偷拿了同桌小红的油画棒，但老师问起的时候他还说不知道，不是他拿的，最后有同学告诉老师说他亲眼看见是小明拿的，他才肯承认。

妈妈听了老师的话不知该说什么，一方面她不相信小明会有"偷窃"的行为，一方面又觉着老师不会冤枉孩子。走出老师办公室的时候，她向老师表示：回家一定将事情搞清楚，配合老师对孩子进行教育。

很多时候，孩子之所以会拿别人的东西，是出于喜欢与好奇的心理。看到别人的"好"东西，自己也想有一个，就会拿来看一看，玩一玩；有时，也可能只是想借用一下，玩过后也会悄悄归还。所以，家长要正确看待孩子擅自拿别人东西的行为，告诉孩子别人的东西不经过同意就拿走是一种不好的行为。

通过讲故事，正确引导孩子

发现孩子偷拿了别人的东西，妈妈不要直接训斥和打骂，否则不仅会伤害孩子的自尊心，还无法让孩子意识到自己的行为是错的，甚至会让孩子产生仇恨和自卑心理。幼年的时候，很多孩子都有过偷拿别人东西的经历，其实他们并不清楚偷窃是卑劣的行为。妈妈要信任孩子，千万不要怀疑孩子的人格，要通过正确的引导和教育，让孩子改掉不良习惯。

小女孩彤彤的姑姑开了一个小超市，彤彤经常去那里玩儿。每次去，她都会偷偷拿一些小零食带回家。彤彤以为姑姑并不知道她偷拿了东西，每次去都会拿，笔、橡皮、零食……趁着四周没人的时候，她会将东西藏好，非常淡定，像足了小偷。

姑姑把这一切都看在眼里，虽然孩子拿点小东西无所谓，但如果这种不好的行为被忽视，没有及时矫正，一定会毁了孩子的未来。于是趁着只有两个人在的时候，姑姑语重心长地给彤彤讲了个自己小时候的故事：

"在姑姑 7 岁左右时,我很想买一件过新年穿的衣服。有一天,我妈妈(也就是你的奶奶)带我去商场,我看到了一件特别漂亮的衣服,但由于价格太高,妈妈不同意给我买。趁着四周没人,我就把那件衣服偷偷装起来了。当时我非常害怕,有一种犯罪的感觉。离开的时候我很犹豫,万一别人追上来,怎么办?如果别人不肯原谅我,报警了,警察来抓我怎么办?我越想越不安,怪自己干吗为了一件衣服让自己变成了小偷,这太不值得了。"

彤彤立刻听出了姑姑话里的意思,满脸通红,主动地承认了错误,说以后再也不偷拿任何东西了。

彤彤姑姑只用了一个非常简单的小故事,没有任何的训斥和指责,却让孩子意识到并承认了自己的错误。

彤彤姑姑的这种以自己为故事主角,为孩子讲解拿别人东西后的不良心理反应的教育方式确实不错,值得每个妈妈学习。妈妈在教育孩子的时候,一定要注意方式、方法。

加强沟通,了解孩子的内在需求

无论什么物品,孩子既然喜欢,就说明对它非常渴望。我们要关注孩子的心理需求,及时与孩子沟通,让孩子有表达自己需求的机会。如果只是告诉孩子"不行",却不给孩子做出合理而明确的解释,那么孩子在屡次遭到拒绝之后,就会通过其他方式来满足心理的渴望和需求。

为此,妈妈要想了解孩子的内在需求,就要多跟孩子进行沟通。

一次，在为女儿收拾房间的时候，郭女士发现女儿的床头摆放着一本《爆笑校园》，接连几天都能看到那本书。但是她并不记得自己有给女儿买过这本书，于是郭女士问女儿："这本书是问同学借的？"

女儿支支吾吾道："嗯。"

郭女士说："看完了，记着还给同学。"女儿点点头。

几天过后，郭女士在女儿的衣柜里又看到这本书，心想：女儿怎么会将书放到衣柜里？郭女士疑惑地问女儿："怎么将书放柜子里了？同学没催你要？"女儿没说话。

郭女士觉察出了问题，看着女儿。女儿只好老实交代："这本书是我们班图书角的，我很喜欢，所以不想还了，反正别人也不知道。"

听了女儿的话，郭女士说："你喜欢看，我可以给你买，但你不能拿班级的公共物品。"

女儿其实也知道这个道理，但就是忍不住想看。最后，郭女士与女儿商定，以后不能再私自拿不属于自己的东西，如果有喜欢的东西，可以跟妈妈说，如果合理，妈妈可以帮忙买。郭女士给女儿买了《爆笑校园》系列之后，女儿将班级的那本书还了回去。

孩子偷拿他人的东西，一般都会背着大人。妈妈一旦发现了，就要及时跟孩子沟通，找到问题的根源，了解他们是如何想的、想要什么。之后，满足孩子的合理愿望；如果不能满足孩子的愿望，就要好好跟孩子沟通，以获得他们的理解。

4
办事程序：耐心等待

学会耐心等待，是孩子的一门必修课。次序感，是孩子应该掌握的基本规则。不懂先来后到，争先恐后，不仅会引起他人的不满，还会让孩子养成不良习惯，继而影响到未来的人际交往。

最近，我接到一位叫糖宝妈妈的来信，她在信里说：

我家糖宝从小就是家里的掌上明珠。在家里，我们总是以"孩子第一"为中心，什么事情都让着糖宝。比如，饭先给糖宝吃，水果先让糖宝挑。渐渐地，糖宝也越来越以自我为中心。

每次老师带孩子到户外活动，糖宝总要抢占排头、插队，想跟老师牵手当小班长，以"老师"的身份在前面带队。随着时间的推移，老师发现站队抢排头的孩子越来越多。

为了改变这种现象，满足孩子的心愿，老师想出一个办法。每次要求站队前，她都会对孩子们说："请把你们的小手伸出来。"孩子们高兴地伸出自己的小手，老师走到他们身边，一一握他们的手，亲切地在他们的耳边说"你的小手真干净"或者"你的小手热乎乎的"……孩子也会高兴地在老师耳边说一声"你的手也热乎乎的"或"你的手和我妈的手一样大"。之后，老师让孩子们站队，孩子们忙着找位置，很快就站好了，没有抢排头的了。

在家里，爸爸妈妈总是"孩子第一"，什么事情都让着孩子，饭先给孩子吃，水果先让孩子挑……但是，这样一味地谦让，只会让孩子越来越以自我为中心，觉得"人们都要让着我，我最大！"在这种环境下成长的孩子，太过自我，没法与人更好地交往。

妈妈们要想帮助孩子改掉"小皇帝""小公主"的坏习惯，就要给他们立一些规矩，让他们遵守"先来后到"的规则，遵守次序，学会等待。持续不断地对孩子进行规则意识的教育，他们就能形成这种认知，并养成习惯，进而自觉地去遵守各种规则。

做任何事情都有一定的程序

最近，我遇到很多妈妈，她们都在抱怨自己家的孩子特别急躁，而自己又无可奈何，不知道如何解决这个问题。对此，我认为，妈妈一旦发现孩子的性格变得急躁，一定要控制好自己的情绪，让自己先冷静下来，找出孩子急躁的真正原因。比如，当孩子想要某样东西，并要求马上得到时，妈妈要让他知道并不是所有想要的东西，我们就有办法马上可以得到。可以告诉孩子，他要的东西，必须要等到合适的时间或者到某个地方去买才能得到。这样，孩子就会明白做任何事情都有一定的程序，从而改善自己的急躁情绪。

说及此，我想起了去年小侄子暑假来我家住的情景。

我这个小侄子性子特别急，只要他想要什么，都会要求马上得到；他想怎么做，就会要求马上实现，否则就会各种哭闹，直到大人们满足他为止。

那天，小侄子在家里玩小汽车，玩烦了，他转身看到电视节目里的小朋友在玩遥控车。然后他开始叫嚷着他也要遥控车，我告诉他："现在是晚上，没有办法为你买遥控车，而且你的玩具车已经非常多了，你想想你有什么好理由再得到一辆遥控车吗？"听到这儿，小侄子噘起了嘴，都快哭了。我转而说到："要想得到遥控车也行，但是你必须在这段时间内好好表现，如果你表现得好，我就可以把遥控车作为奖励送给你。"

接下来我跟小侄子说好，在我家的这段时间里，他必须每天乖乖吃饭，玩完玩具要自己动手归类好，平时也不准哭闹，只要都做到了，就可以得到一台遥控车。一周时间下来，小侄子的表现都很好，我当然也兑现了诺言，奖励了他一台遥控车。

当然，除了延迟满足孩子的要求这种做法，妈妈还可以利用一些具体的活动来磨炼孩子的耐性。比如，有意识地让孩子练习书法、绘画或陪孩子下棋、玩拼图等，让孩子在一笔一画的练习中，在细致的观察中，在缜密的思考中，培养耐心。

学会等待

现在，很多妈妈忽略了对孩子精神需求的关注，物质需求则是有求必应，有条件的马上满足，没条件的创造条件也要满足。我妈常说：欲壑难平，孩子的胃口被培养得越来越大，最终孩子会变得越来越贪婪、自私。我倒认为，孩子的物质需求不能随便满足，如果不管孩子提出任何需求，都不打折扣地加以满足，久而久之，孩子就会在心里形成一个认知：我要什么就有什么，我想要的东西没有得不到的。如此，在未来的生活中，孩子会缺乏奋斗意识、缺乏耐性、缺少韧劲……毫无原则地满足孩子的一切，次数多了，孩子更容易失去耐心和自控力。所以，妈妈不防偶尔延迟满足孩子的要求，让孩子学会等待，培养他们的耐心、毅力和自制力。

在西方的圣诞节到来之前，家家户户都要在家里装饰圣诞树。

有个美国朋友跟我说，他们家很重视圣诞节，节日来临的数天前，他们就会将礼物包好，放在树底下。每个人都有礼物，但通常要等到圣诞节这一天早上才能打开。他家孩子不到 3 岁，知道自己的礼物在哪里。他会跑过去，看一看，高兴地跟大家说：这是给我的！但他不会迫不及待地打开。一开始他也要求马上打开礼物包装，但爸爸妈妈很坚决地告诉他，哭闹没用，必须要等到圣诞节的早上才拿得到礼物。礼物反正在那里，也不会跑，总归是他的。而妈妈会则帮孩子度过这难熬的几天，比如，帮他倒计时，让他每天去摸一摸。

总之，既然制定了规则，妈妈就必须要求孩子去遵守，不管孩子会哭闹还是使出其他手段企图让妈妈妥协，妈妈一定要坚持原则，并耐心安抚孩子，陪他们一起"渡过难关"。经过多次这样的磨练，孩子就会变得有耐心，能学会等待了。

第 12 章

好妈妈应主动带领孩子放眼未来

1
电视:了解世界的窗口

对孩子们来说,电视不仅是一种娱乐产品,也是一种良好的教学工具。指导他们看一些有教育意义的节目,既是一种娱乐,又可以增长见识,学到知识。因此,要想扩展孩子的视野,妈妈就要适当让孩子看看电视。

看电视有好处也有坏处,只要每天有计划、有节制,看一些有教育意义的节目,是毫无害处的,可以帮助孩子增长知识、开阔视野。

方女士的女儿已经十五岁了,在读初三。她非常优秀,不仅成绩好,才艺也比较突出,更难能可贵的是,女儿的视野较一般孩子来说相对开阔一些。虽然受到家庭经济条件的限制,女儿并未出过国门,但对于各个国家的风土人情甚至时局动态,女儿都如数家珍。

女儿的知识除了来源于学校,也有一部分来源于电视。人们都说看电视影响孩子,方女士非常赞同,但是她认为,有利就有弊,关键看你如何把握。

对于女儿看电视这件事,方女士并没有严厉禁止,但是对于看什么内容、看多长时间、什么时候看电视,却做了明确规定。女儿做完作业后,通常会有一个多小时的自由时间,她多半用来看电视,甚至有时方女士还会跟女儿一起看,并且会一边看一边就电视节目做讨论。在看电视的过程中,女儿也学到了许多知识。

电视是认识世界的窗口之一,鼓励孩子看电视,可以让他们了解国内外大事。从另一方面来说,孩子们在学校的学习往往十分紧张,回到家之后,看看电视节目,也是一种必要的放松。

陪同孩子一起看电视

我小侄女特别爱看电视,基本上忙完作业,她坐在沙发上看各种各样的节目。虽然家人说过很多遍,要她少看一些电视,但她总是说喜欢看节目,因此,她才十二岁就已经佩戴了300°的近视眼镜,然而事物均有两面性,小侄女在一些常识见解方面比同龄人懂很多。

有一年暑假,小侄女到我家长住,依然每天坐在电视机前看电视。我虽然知道看电视能够学习很多书本上不能学到的知识,但是为了正确引导她学会看电视,我和她约定,她必须每天和大人一起看电视,具体看什么节目由我决定。

那个暑假,小侄女每天坚守我们的约定,她每天和女儿一起读书、写作业之后才能看我给她们选的电视节目,比如一些了解动物、植物的节目,或是一些其他国家的文化节目,等等。看完节目,我还主动发起讨论,问她们在看节目的时候都学到了什么,有没有什么疑问,并为她们做解答。

孩子们都爱看电视,但是电视对他们来说可能是益友,也可能是损友,如何正确地引导孩子利用业余时间看适合的电视节目,让电视成为刺激孩子语言发展的辅助工具和亲子互动的桥梁,让孩子通过看电视了解更多知识,学习不同地区、民族之间的文化……这些都是妈妈应该考虑的问题。

我认为，妈妈可以和孩子一起看电视，之后可以就节目内容跟孩子进行交流，这样既能提高孩子的鉴赏能力，又能增进亲子感情，同时还能锻炼孩子的语言能力；另外，妈妈需要合理控制孩子的观看时间。孩子处于身心发育时期，看电视的时间过长不仅会导致眼睛疲劳，也容易使大脑疲劳，而且被动接受过多的信息会阻碍孩子想象力的发展，影响动手能力。因此，妈妈要根据孩子的年龄段设定合理的观看时间；此外，还要有选择地看电视，因为孩子的模仿能力是成人无法想象的。可以在网络上了解各个电视台的节目表，选出一些可以增加知识、拓宽视野的节目，拒绝那些涉及色情、动作甚至暴力等成人类的节目，以免对孩子身心产生不利的影响。

电视与地图结合了解世界地理

在家中挂一幅世界地图，是让孩子了解世界的好方法。很多电视节目都会涉及地理位置，比如：旅游节目、教育节目。在看这些节目的过程中，妈妈可以引导孩子留意具体的地名，之后跟孩子到地图上去寻找。这样就能让孩子对很多国家都有所了解。

董女士很喜欢旅游，每到假期都会带着女儿到周边各省市去旅游。她家的墙上挂着一幅中国地图和一幅世界地图，她们每去一个地方，都会在地图上面做出标记，如今上面已经标注了很多位置。

董女士对综艺节目《行者》更是钟爱，因为她觉得看这种电视节目，能开阔视野，了解许多没法亲自到现场的民俗风情、自然地理。每次新的节目一播出，董女士都会让女儿跟着一起看。之后，董女士还会让女儿在地图上寻找节目涉及的地理位置，是城市还是乡村，是草原还是海边……女儿都会在地图上一一标注出来。

地图是世界的缩影，多了解地图，了解世界地理格局，对于掌握地理知识甚至许多延伸的相关科目都是很有益处的，可以说，掌握了地图，也就了解了世界。

如今，高速发展的现代经济和四通八达的交通，让整个世界的距离都缩短了，很多国外进口的产品在我们的生活中随处可见。当我们在使用国外的生活用品时，可以向孩子介绍一下某个国家的情况，让他们了解不同的国家，形成对世界的初步认知。

比如：给孩子吃日本寿司时，妈妈可以引导他在地图上找到日本，并向他介绍日本这个国家的风土人情；吃西班牙海鲜饭时，可以给孩子讲讲西班牙斗牛士的趣闻，还可以给孩子听听《西班牙斗牛士进行曲》；吃麦当劳快餐时，可以向孩子介绍美国发达的科技和享誉全球的迪士尼乐园。

利用一张地图，就可以简单地带领孩子学习到不少的知识，拓宽孩子的视野，妈妈们何乐而不为呢？

2
互联网：通往多姿多彩的世界

如今的生活离不开网络，网络也是把孩子和世界连接起来的纽带之一，但妈妈不要把网络当成洪水猛兽，不要害怕网络上的不良信息会污染孩子的心灵，因为在我们这个时代，孩子不可能与网络隔离，与其阻止孩子接触网络，不如对他们进行合理的引导。妈妈可以跟孩子就某个感兴趣的话题一起上网，查询信息和知识，把网络当作认识世界的工具。

有一位妈妈曾写下她对孩子的教育经验：

现在是网络时代，上网是孩子的必修课，利用好网络资源，可以帮助孩子更好地学习。但是，网络毕竟是虚幻的，还有很多我们不好控制的事情，比如色情信息、网络游戏等。因此，每次孩子在家上网的时候，我都会事先让他列好一个表，写上他上网要完成的任务，例如，下载歌曲、搜集图片、观看即时新闻等。

为了帮助儿子学习英语，我建议他参加英语语音聊天室，这样，他在学习英语知识的同时也锻炼了口语和听力。平时我也鼓励儿子在网上找些有趣的数学题做，或阅读一些好文章。渐渐地，孩子在我的影响下形成了上网之前先列好任务和时间的习惯，他也从不去接触"黄赌毒"的网络信息，有较强的是非判断力。

正确使用互联网

发达的网络拉近了我们与世界的距离,"上网"也渐渐渗透到很多家庭的生活中。

严女士对电脑和网络一点儿也不懂,甚至有些谈网色变,但看到周围的人们都装了电脑,她也给儿子买了一台。儿子上初二,过去成绩很好,每次考试都是班里前几名。但是自从有了电脑后,他就开始玩网络游戏,成绩快速下降。

为了让儿子戒掉"网瘾",把学习成绩提上去,严女士找到儿子的班主任。班主任告诉她:"对于孩子上网,家长要进行合理的引导和管控,不要粗暴地阻止,也不要放任不管。如果孩子沉迷于网络游戏,家长也不要太过着急,要循序渐进地引导,多和孩子沟通,千万不要粗暴地管教。你们可以和他一起制定一个规则,用这个规则去约束他。"

严女士受到儿子班主任的启发,开始关注儿子上网的动向。她尽量找机会和儿子聊天,还会和儿子谈论网络上的事情,对儿子的身心健康也更加关注。慢慢地,儿子感受到了妈妈的用心良苦,决心戒掉"网瘾"。严女士和儿子一起制定了上网计划,并坚持执行。儿子逐渐地不再迷恋网络游戏,而是把更多的心思用在学习上面,成绩慢慢有了提升。

其实,上网的孩子未必都会学坏,关键是妈妈要正确地引导。如何才能做到这一点呢?这就要求妈妈及时掌握孩子上网的动向,观察他们上网的内容和时间,给予他们适时的关爱和合理的建议;引导孩子带着明确的目的去上网,做到有的放矢,合理利用网络资源,严格要求自己，避开网络上的不良诱惑。

引导孩子健康上网

互联网给人们提供了一种全新的交流方式，也成为人们获取所需资源的一种重要途径。同样，电脑和互联网也可以帮助孩子更好地学习，开阔视野，让孩子从中了解多姿多彩的世界；在学习乏味时，孩子也可以通过网络玩一些益智小游戏来放松心情。妈妈平时一定要教育孩子以健康的心态使用网络，引导孩子合理地利用网络资源，让他们了解到网络上除了游戏以外还有许多丰富的资源可以使用，若只是沉迷于网络游戏、聊天等，就失去了使用网络的意义，只会被网络所缚，被网络所害。

小杰是一名六年级的学生，学习成绩优异，但他自从学会上网之后就一直沉迷网络，玩游戏、交友、看视频，成绩渐渐下降了许多，为此，班主任向他妈妈反馈了小杰沉迷网络的情况。

小杰妈妈是个思想开明的人，平时她并不反对小杰接触网络，但小杰沉迷网络也让她引起了重视。小杰妈妈找小杰做了一次深入交谈，告诉他网络的好处和坏处，并在电脑上搜索了不少青少年沉迷网络的恶果，小杰立马明白了妈妈的用心良苦，答应以后只利用电脑作为学习知识与放松压力的法宝。妈妈还告诉小杰，人的能力有限，但互联网的作用是无限的，互联网能够帮助我们学习、工作，还能帮助我们了解与我们或近或远的新闻、知识等等，对于我们扩宽视野是很有帮助的。

妈妈们不应对网络提心吊胆，生怕孩子在网络上学坏，只要引导孩子健康上网，不仅能促进孩子学习的兴趣，也能为孩子增长各种见识，拓宽视野。

3
听书：倾听不一样的思想

听书也是一种重要的学习方式。有些人喜欢阅读，因为记忆更深刻；有些人喜欢听书，因为理解起来更容易。妈妈如果能经常带着孩子一起听书，也不失为一种学习的好方法，既能为孩子增长知识，拓宽孩子的视野，又能培养孩子形成一种良好的学习习惯。

小时候的我就喜欢听"书"。那时候我们家里还没有电视，奶奶有个收音机，我经常跟奶奶一起听单田芳老师的评书。至今我还对《杨家将》《花木兰》《隋唐演义》《三侠五义》等记忆尤深，因为每次和奶奶听书时我都听得津津有味儿的，仿佛身临其境一般。

我觉得，听书就像好朋友在为你讲故事，令人入迷。从女儿很小的时候，我就在电脑上挑选、下载了不少有声阅读，我们经常会坐在沙发上，静静地聆听书中的故事；在听的过程中，女儿还会经常问一些奇怪的问题，我会让她展开想象，思考剧情，并引导她说出她认为的剧情发展。长大后，女儿特别忙，但是听书这一习惯却并未终止。路上、睡前、起床前，只要是能够利用的碎片时间，她都会静静地听一会儿。

在孩子还小的时候，他们可能还不会阅读，妈妈可以给他们讲故事，也可以利用手机或者早教工具给孩子播放有声音的故事或者中英文儿歌、古诗词等。这样可以代替阅读，同样能够使孩子学习知识，培养阅读习惯，能听到各种各样有趣的知识，了解外面的世界。

睡前陪孩子一起听书

曾经有一段时间，白女士的女儿对阅读的兴致不高，即使是一本很薄的童话书，她都要磨磨蹭蹭看上一个月，积累的词汇很少，写作水平自然也不高。

有一个朋友便跟白女士聊起了育儿经验："你可以下载一些儿童文学读物，临睡前陪孩子一起听，那些有声书里抑扬顿挫的语言，曲折生动的故事，大都能够调动孩子的兴趣。只要有兴趣了，孩子就会主动地去学习。"朋友说，她家孩子每天都要听上几集才肯睡觉，坚持了两年，不仅作文经常得奖，语言表达能力也大大提高。

白女士决定给女儿听《窗边的小豆豆》，这是女儿最近阅读过的一本书，虽然花了一个多月才看完，但她说这本书写得很有意思。白女士找到一个读书网，搜索到《窗边的小豆豆》之后，邀请女儿一起听。女儿好奇极了，觉得有声书听起来比自己捧着书本读更有趣，所以每天乖乖躺在床上专心地等白女士放给她听。

因为读过这本书，女儿对书里的内容比较了解。听到熟悉的段落，女儿就高兴地嚷嚷起来："妈妈，书上也是这么写的，一模一样。"她聚精会神地听着，嘴角露出微笑，比看书要入迷得多。那天晚上，她们连续听了四集，临睡前，女儿期待地问白女士："妈妈，是不是以后每天晚上都能听书？"白女士欣慰地点点头。

睡前半小时，是母子同乐的美好时光，将听书放在这个时间段，不仅可以让孩子安静入眠，还能养成良好的听书习惯。

给孩子订一份报刊，听书阅读相结合

虽然现在网络发达，大多数人已经不再看报刊，但是，报刊上的内容都是发生在当下的事情，涉及政治、军事、生活等方方面面。通过阅读报刊，孩子能了解到非常鲜活的时事，涉猎更广泛的知识。为孩子订阅几份好的报刊，也能开阔孩子的视野，增长见识。

年女士的女儿上小学二年级，年女士给她买了很多课外书，但她总是翻几页就不看了，要么跑出去，要么抱着平板电脑玩。

为了让女儿养成阅读的习惯，年女士开始用"听书"来引导孩子。每天下班回家，她都会打开平板电脑下载的听书 App 给女儿听。后来，女儿渐渐喜欢上了听书。年女士想趁机继续引导女儿爱上阅读，于是就订阅了《中国少年儿童报》，并带她女儿一起阅读。通过一段时间的阅读，她积攒了不少词汇，后来就开始自己阅读报纸上的内容了。

每次收到《中国少年儿童报》，女儿都会认真阅读，看到精彩的地方，还会兴高采烈地和大人交流。慢慢地坚持下来之后，她的阅读和写作水平也提高了不少。

4
体验：身临其境才能出真知

夏令营，是孩子最早体验集体外出生活的一种方式，不仅可以培养孩子独立生活的能力，还能让孩子开阔视野、增长见识，更能培养孩子与别人团结互助、建立良好关系的能力。因此，夏令营简直就是孩子出游的首选，妈妈一定不要让孩子错过。

生活在城市中的孩子，很少有机会融入自然的怀抱；紧张的学习氛围，让孩子很少能有时间出去走走。把孩子带到大自然中，让孩子体验秀丽的自然风光，孩子的思想就能得到拓展，就能全身心地感受新鲜与快乐，发现并欣赏生活中的美。

学校组织学生参加夏令营，让孩子自愿参加。李建高兴极了，他觉得夏令营一定很有趣、很新奇。回到家后，李建迫不及待地把这个消息告诉了妈妈，希望她同意自己参加。但是妈妈的回答却让李建觉得难以接受："夏令营？还不如在家里学习画画呢！天气多热呀，而且又不安全！"

李建争论道："夏令营是学校举办的，安全问题不用担心，而且许多老师、同学都会去，多好呀！"只是，不管李建怎么说，妈妈就是不同意。妈妈希望他留在家里，还给他报了美术培训班。

李建觉得委屈极了，在同学们都兴高采烈地参加夏令营的时候，他却只能对着画板发呆。在夏令营活动开始的第二天，李建就离家出走了。尽管后来在家人的努力下，李建被找了回来。可是，对于李建为什么要离家出走，妈妈反倒一脸委屈地说道："我帮他报了美术培训班，没让他去参加夏令营，还不都是为了他好？但是他还不满足。"

其实这位妈妈并不知道，对于正在上学的孩子而言，夏令营是多么令他们向往的事情。长期枯燥的学习，让孩子们身心疲惫，而夏令营的活动刚好可以让孩子彻底地放松自己。孩子们在夏令营中能体验多姿多彩的活动、美丽的野外风景，既愉悦了身心，也锻炼了生活能力。孩子有了一个愉快的经历，就会精神抖擞，更好地面对繁重的学习任务。夏令营作为一种全新的生活体验，是实施素质教育的有效途径，也是学校教育和家庭教育的良好补充。在假期里参加内容丰富多彩的夏令营活动，有利于孩子们开阔视野、增长见识。从长远来讲，对形成正确的人生观也将产生良好的作用。

带孩子去世界各地旅游

人们常说："读万卷书不如行万里路，行万里路不如阅人无数。"而很多妈妈的做法是"行万里路前读万卷书，行万里路中阅人无数，行万里路后思索回顾"。带孩子到各地旅游，可以开阔孩子的眼界，增广见闻。在旅途中获得的知识，远比书本上的来得更有效。

对于孩子来说，旅行的经历对他们的成长有着重要的意义。孩子长大了，渴望走出家门，去不一样的地方；渴望去看一看别的城市，以开阔视野；渴望去到辽阔的自然，感受与大地的连接。而旅行能够拓展孩子的视野，让孩子更加热爱生活。在经济条件允许的情况下，妈妈一定要多带孩子出去旅游，增长见识。

小楚虽然只是个八岁的女孩，可她已经去过世界不少地方，在同学眼中，她是个"世界通"。这几年来，父母带她去过不少国家，比如日本、韩国、新加坡、意大利、泰国等。每次到一个陌生国家之前，父母都会和她一起进行长达一周的培训，包括了解当地的语言和风土人情等。

去法国前的一个月，妈妈就开始让小楚阅读相关书籍，让小楚对法国的文化有一个基本了解，包括卢浮宫的神秘和拿破仑的传奇。而简单的语言培训则让小楚可以通过海关简单的询问，看懂当地的各种标志，减弱陌生感。

每到一个陌生的国家，小楚会主动和当地人进行交流，会主动借助当地人的帮助来完成事先策划好的旅行任务。所以，小楚不仅是个活泼开朗、待人热忱的孩子，更是一个了解许多世界知识、学习成绩优异的好学生。

带孩子体验农村生活

感受农村孩子的学习与生活，对城市孩子来说，确实大有裨益。在农村，孩子首先能获得大量的生产与生活的常识，而这些常识，不仅能够拓展他们的视野，也能提升他们的生活能力。让城里的孩子"上山下乡"，还能够让他们切身感受到农村部分地区生活的艰苦，从而更加珍惜现在的生活。

国庆节假期，邱女士提前和老家的亲戚打了招呼，带女儿到亲戚家的田地里体验生活。这时候大部分农忙已经接近尾声，还剩下不多的农作物没有收完。她们来到了红薯地，女儿看到满地的枝枝叶叶感到特别惊奇，拿着小铲乱挖一气。亲戚家的院子里有棵枣树，半红半绿的大枣挂满了枝头，煞是好看。女儿拿着一根竹竿一阵乱打，枣子纷纷滚落地面，女儿兴奋地大叫。午饭之后，女儿彻底玩疯了。她脱了鞋光着小脚丫，踩在松松软软的泥土上，兴奋地跑来跑去……

  对于习惯了城市生活的孩子来说，去农村走一走，体验一下农村生活真的算是一种奢侈。城市里大多数人都忙于工作而鲜有时间能带孩子外出，就算是到了节假日，很多人也选择带孩子去参观名胜古迹、游览名山大川，根本不会选择去农村。其实，去农村体验生活，孩子会感到很新奇，能学到很多常识，比如，蔬菜、水果等农作物是怎么种植的、如何长大成熟的、怎么收获的……这些常识对于孩子来说有着特别的吸引力，会刺激孩子的求知欲，吸引他们去思考和探索，更能让他们理解劳动人民的辛苦，理解粮食的来之不易，从而珍惜粮食，尊重农民的劳动成果。

  去农村跑一跑，亲近大自然，感受一下泥土的芬芳，晒晒太阳、闻闻草香吧！孩子会在这种自然环境里得到锻炼，身体也会变得"皮实"起来。

附

学历不高，也能做个好妈妈

对于如何教育好孩子，一些妈妈充满疑惑，总觉得自己学历不高，没有文化，更没有好的方法和技巧，无法教育好孩子，其实未必如此。

有的妈妈说："我有学历、有文化，可孩子就是不爱学习，成绩也不好，这是他自己的问题。"

也有的妈妈说："我的学历不高，不懂得如何教育孩子，难以培养出优秀的孩子。"

对自己有这样评价的两种说法都是妈妈的认知误区。一个女人的学历高并不代表会教育孩子，学历不高也不代表不会教育孩子。

妈妈的知识水平、品性修养、性格特征、职业背景、教育观念等方面都能影响妈妈对孩子的教育。如果将这几项因素按照对孩子的影响来排名，我认为应该是：性格特征 > 教育观念 > 品性修养 > 职业背景 > 知识水平。

为什么这样排名？我给大家举几个例子，是几个孩子对自己妈妈的学历与教育理念的评价：

A：我妈妈事业心很强，虽然只有初中学历，但教育理念良好。

我爸脾气很暴躁，家庭关系紧张。我比较叛逆，为了应付爸爸的坏脾气，我大伤脑筋，根本就没空去想自己的学习和未来。

B：我妈妈事业成功，学历高，但是教育观念不好，觉得我必须按照她的意愿达到某一个标准，美其名曰是为了我好，实则是在满足她自己的愿望。我很叛逆，因为我不想让自己变成完成妈妈的愿望的替身，我想要追求自由，寻找自我。

C：我妈妈事业平平，学历高，教育方法也很科学，但她比较负面，看事物总是先看到不好的一面，总想规避我身边不好的事物，不让我体验失败。我成绩很好，但人缘不好。

D：我妈妈的学历不高，工作普通，但她的性格开朗，为人正直，教育观念也是注重过程而不在乎结果。她虽然在学习上帮不上忙，但却是我的好朋友。我在学习很主动，成绩名列前茅，在班里是领袖人物。

综上可看出，妈妈对孩子的影响是巨大的。不同类型的妈妈造就了不同类型的家庭，进而养育出不同性格的孩子。妈妈爱孩子，但不能带着目的性，不能为了满足自己的私欲、实现自己的理想而逼迫孩子按照自己的想法去做，按照自己设定的路去走。孩子其实也是家里的"客人"，终归要走自己的路。妈妈要本着尊重和敬畏的心态去看待孩子的教育问题，也不要抱有太多的压力和负担，要相信"他们会有新的生活"。所以教育孩子需要自信，即使没有高学历，只要性格好、人品好、热爱生活、热爱学习，同样也能教育出好孩子。

亲爱的妈妈们，你们能否教育出好孩子跟你有没有读过大学没有关系，想教育出好孩子，完全可以这样做：

◎ 修身养性。只有妈妈自己做到不骄不躁,才能真正客观地看待孩子的问题,帮助孩子解决问题。

◎ 先自学再要求。妈妈们每天都应该学习新知识,学习如何教育好孩子。孩子或许不会因为你的方法而改变,但你爱学习的态度一定会影响孩子。

◎ 更新教育观念。妈妈们应该给孩子更多的自主权、选择权,让孩子选择自己的人生。不要用道德绑架孩子,要让孩子活成自己喜欢的样子。

◎ 热爱生活。妈妈积极的行动和心态会在潜移默化中影响孩子。多陪伴孩子,与孩子建立良好的关系,努力成为他们的良师益友,多沟通、多交流,使他们在平淡的生活中感受幸福,在平凡的生活中培养对生活的热爱。

最后,祝天下每一位妈妈都能在自己的课堂上教育出一位开心成长、快乐学习的好"学生"。

 出 品 　　　 全国总经销

出 品 人　张进步　程　碧

特约编辑　林香云
装帧设计

新 浪 微 博　　微信公众号

运　　营　肖　遥　谭　婧
法律顾问　天津益清（北京）律师事务所 王彦玲

出版投稿、合作交流，请发邮件至：innearth@foxmail.com
了解新书、图书邮购、团购、采购等，请联系发行电话：010-65772362